［改訂版］発達障害でIT社長の僕

齋藤秀一
SAITO SHUICHI

幻冬舎MC

改訂版

発達障害で IT 社長の僕

はじめに

「あいつ、本当に空気読めねぇな……」
「ちゃんと話聞いてる？」
「何考えてるのかさっぱり分からない」

中学、高校時代の僕は、周りからそんな言葉をあびる毎日を過ごしていました。友達とのコミュニケーションがうまく取れず、集団で過ごすことが苦手。ほとんどの時間を一人で過ごし「変な奴」と見られていました。

せめて勉強ができれば良かったのですが集中力が続かないため、成績は赤点ばかり。学校がとにかく嫌いでした。

思い返せば、幼少の頃から僕は変な行動をしていました。

保育園時代、親戚の集まりに耐えられず勝手に抜け出して、大人でも1時間はかかる道のりを歩いて家に帰ったこともありました。僕が突然消えたので、誘拐でもされたのではないかと親戚中が大騒ぎだったようです。ただ僕は大勢のなかにいることが嫌でたまらず、その場から逃げ出したかっただけなのです。

社会人になってからも、そうした自分と周囲のズレは消えるどころか、さらに大きくなる一方。それだけでなく、臨機応変な対応ができず注意力が散漫なため、どんな仕事に就いても上司や同僚から「使えない奴」「スーパーバカだな」と陰口をたたかれ、いくつもの職を転々としました。

自分には生きている価値がない――。

次第に被害妄想が膨らみ、どこにいても、それこそたまたま通りかかった見ず知らずの他人からも、悪口を言われているように感じ始めました。まさに地獄のような日々でした。

今では、子どもの頃からのこうした問題は、発達障害に見られる〝注意力欠如〟〝多動性〟〝衝動性〟という特性ゆえのものだったのだと分かります。ですがその頃は、どうして自分が周囲になじめないのか、「変な奴」と思われる行動を取ってしまうのかが分からず、ただただ出口の見えないつらい日々を送っていたのです。

この本を手に取ってくださった方も、ご自身が同じような境遇にいたり、ご家族などがそうした状況にいたりして苦しんでおられるかもしれません。発達障害は一見して「障害」と分かりにくいため周囲から理解されづらく、それゆえに生きづらいのです。本当に苦しいと思います。

でも、大丈夫です。

マイナスでしかないと思っていた自分のどうしようもない部分、周りから理解されない特性をむしろ「活かして」世の中とつながれるようになれます。
そのことを伝えたくて、僕はこの本を書きました。

僕は、業界初の障害福祉事業者向け施設運営管理システム（ＨＵＧ）の開発に成功し、全国の児童発達支援・放課後等デイサービス事業者などに販売するＩＴ会社を経営しています。２０１５年には自ら放課後等デイサービス運営を行う新会社を設立し、２０１９年からは卒業後の子どもたちの働く場をつくる農業事業を始め、さらに６次産業の取り組みも進めています。

昔の僕を知る人には「あんな奴がなんで？」と、あ然とされるかもしれません。また、こうした話をすると自分を変えるためにすごく努力されたのですねといった感想をもらうこともありますが、違います。コツコツ積み上げるような努力は今も苦手でできません。計算もできないし忍耐力もない。本質的には子どもの頃から何も変わっていないんです。ただ、発達障害の「気が散りやすい」「すぐ空想にふける」といった障害を、「周囲の変化をいち早くキャッチする」「斬新なアイデアが出せる」といった〝才能〟に変え、好きだったＩＴ分野の仕事に取り組んだことで、評価されるようになり、結果的に社長になることができたのです。

僕は、みんなにこの本で社長になることを勧めたいわけではありません。どんな環境でどんなことをするにしても、自分を否定することなく自分の特性を活かして「自分の居場所」を見つけることはできます。僕の場合は、たまたま、自分が苦手なことで苦しまずにみんなのためにやれることが、新しいものを生み出す経営者という役割のなかにあっただけ。

みんな、それぞれいろいろな可能性があります。

僕がどうして発達障害の特性をネガティブなものにせず、才能に変えることができたのか。この本を通してそのヒントをつかんでいただき、あの頃の僕のように苦しみ、悩み、絶望しながらつらい毎日を生きているあなたの未来を照らす助けになればうれしく思います。

目次

2 「人と違うことはすばらしい！」父の一言で、〝障害〟が〝才能〟に変わると気づく

4 発達障害児支援施設向け運営管理システムを開発。業界トップシェアを達成

1

学校にも社会にも
“居場所”がない。
発達障害の生きづらさ

誰もいない僕の原風景

「アントニオ猪木のジャンプ！　必殺技、延髄斬りが決まった〜〜」

小学校の休み時間、教室の後ろのほうで男子たちが人気のプロレスごっこを繰り広げて盛り上がるなか、一人だけポツンと机から動かずにうつ伏せになっている少年の姿。

それが僕でした。

誰にでも自分の小さな頃の記憶がどこかにあると思います。

僕のなかにある記憶には、周囲に人がいません。とにかく人の輪に入れなかった。仲間外れというのとも少し違います。周りからいじわるされたのでもなく、常に一人でいたのです。

見た目も頭のなかも幼かった僕は、共通の遊びや話題に入れませんでした。みんなと同じ反応ができないうえ、自分が周囲の子たちのなかでどうすればいいのかが分からなかったのです。

小学生ぐらいなら、みんなでそのとき流行っている遊びをします。僕の頃なら野球だとかプロレスごっこでした。でも僕はそれが何かもよく分からないし、分かりたいとも思いませんでした。興味の対象が違うわけです。

僕は何をしていたかというと、同級生たちがグラウンドで砂埃を巻き上げながらボールを追いかけているなか、一人で運動場に落ちている〝雲母〟ばかり夢中で探していました。砂のなかでキラキラと光っている、それが宝物のように見えたのです。

みんなで一緒に遊ぶことができなかったし、みんなとなんでもない日常会話をすることもできなかった僕は、結果として一人でいるのが楽でした。できるだけ人と関わらず、目立たず、誰にも自分のことを知られずに過ごしたいと思っていました。

今でもその頃のことを思い出すと、頭に靄がかかったような感じがします。

クラスの子たちの騒がしい声が遠くのほうで聞こえ、自分の姿が霞んでいるのです。どこかで自分のことを呼ばれていても、それを実感できません。

気がついたら先生が僕の目の前にいて、

「齋藤！　先生の言っていること聞いているのか！」と怒られるのです。

ただただ、人のなかにいるのが苦痛でした。みんなが普通にできることが自分にはできないという劣等感に苛まれていたのです。

僕は「発達障害」です。発達障害とは、言葉の発達が遅い、対人関係をうまく築くことができない、特定分野の勉学が極端に苦手、落ちつきがない、集団生活が苦手といった症状が見られる障害のことです。

僕は子どもの頃に、医師から発達障害だと言われることはありませんでしたが、49歳のときに心理検査を受け、ＡＤＨＤ（注意欠如・多動性障害）だと診断されました。

発達障害は見た目では分かりにくく、本人も家族も障害があることに気づかないケースが多くあります。そのため周囲とうまくいかない理由が分からず、人知れず苦しんでいる人が少なくありません。

僕自身もそうでした。いつも空想にふけり、すぐにほかのことに気を取られてしまいます。集中力や忍耐力がないので何をしても続かず、周囲の人ともうまく関係を築けませんでした。

大人になり障害について学ぶまで、そうした自分のことを周りから浮いてしまっている「変な奴」だと思っていました。

発達障害であることはもちろん、そういう障害が存在することすら知らなかったのです。

もしかしたら、同じ悩みをもつ人は、この話を読んで少しつらい気分になることがあるかもしれません。

僕も昔は、過去の自分を〝黒歴史〟として誰にも話さずにしまい込んでいました。自分でも思い出したくなかったのです。

ですが、あるときから変わったのです。

「人と違う」障害があったからこそ、今の僕は存在しています。

過去の自分を否定するよりも、客観的に見つめ直し、みんなに話すことが社会に役立つんじゃないか。そう思うようになりました。

いったい、なぜそんなふうに変わっていったのか。

少しだけ僕の幼かった頃から振り返ってお話しさせてください。

自分の世界に閉じこもる

僕が小学生の頃にも、今でいう「スクールカースト」がありました。

運動神経がまったくなく、授業にもついていけず勉強もできないうえ、みんなを笑わせたり、感心させたりするような特技ももっていなかった僕は、明らかにクラスの最下層にいました。

劣等感の塊だった僕は、とにかくいろいろなものから逃げました。

学校を数週間休むことは当たり前で、宿題もまともにやったことがありませんでした。

運動神経がなく団体競技でみんなの足を引っ張るのが嫌だったので、運動会も欠席しましたし、修学旅行は親が送迎してようやく参加というぐらいです。

せめて勉強でもできれば良かったのですが、小学校のときから授業についていけませんでした。ノートに書き写すという行為が苦手だったため、習ったことを整理し、理解することができません。

習い事をさせられても、習い事そのものもうまくやれないし、みんなと同じペースで同じことをするのが苦手なので途中で辞めてしまいます。

英語教室に通うのが嫌で、行くふりだけして押入れに隠れ、終わった時間を見計らっていかにも行ってきたかのように装ったり、それでも無理やり連れていかれたときは教室に入るところだけ見せて、親が帰ったらすぐに脱走して街をぶらぶらしたりしていました。

あげくには、「なぜ学校が終わったあとにまた勉強しないといけないんだ」と屁理屈を言って親に反抗しました。とにかく意識が幼いので、そんなふうにあらゆるものから逃げ回っていたのです。

そのなかで、唯一好きだったのが読書でした。

学校の勉強はまったくできなかった僕ですが、今の自分がなんとかあるのも、読書のおかげです。

父親が本好きだったので、わが家の書棚には本がずらっと並んでいました。

僕はとにかく学校に行きたくないので、体温計を服にこすって温めて熱があるように見せ掛けるといった、幼い偽装工作をして母親を騙し、仮病を使って学校を休んではずっと本を読みふけっていました。


思春期以降、父親とは衝突ばかりでしたが、母親は仮病を使う僕にも純粋に「身体が弱い子だ」と思って優しく接してくれていました。

それぐらい学校に行くのが嫌で、本だけが自分の楽しみであり救いでした。推理小説や時代小説、科学読み物やSFなど片っ端から休むことなく読み続けました。大げさではなく朝から晩まで読んでいられるのです。

嫌いなことや苦手なことはまったく続けられない反面、好きなことに対しての集中力はものすごくあります。

これも発達障害によく見られる特性で、集中力にひどく偏りがあるのです。

自分の好きなことであればスポーツ選手が「ゾーンに入った」ときのように集中できます。

僕の場合は本の世界に入れてしまうのです。

本の文字が頭のなかで映像に変換され、まるで映像のなかを歩いているようになり、ずっとその世界に入っていることができます。

本当は良くないのですが、外を歩くときも歩きスマホではない〝歩き読書〟をしてしまっていました。

そのせいか、国語だけは小中高と常に学年トップでした。

反面、数学や英語は壊滅的で学年最下位を争うようなレベル。凸凹が激しく、得意なものとそうではないものがはっきりしていました。

親にも勘当される

今なら発達障害が認知されているため、そうした本人の特性に対して放課後等デイサービスなどで、ソーシャルスキルトレーニング（社会生活技能訓練）や運動療育、学習療育などのサポートが受けられますが、その頃はまだ認識されていなかったため、そういったフォローもありません。

ただ「自分はみんなと同じことができないんだ」という劣等感に苛まれ、孤独な世界にじっといたわけです。大人になってしばらくするまで、そんな自分のことを「世界でいちばんおかしな奴」だと感じていました。

いや、今も客観的にはそうなのかもしれません。会社を経営していても、社員から自分はツチノコぐらいの感じに認識されていて、どこかで見掛けたらラッキーぐらいの存在。経営者なのにみんなの中心にはいないのです。むしろ、それでいいとさえ思っています。

なぜなら、自分より周りのみんなのほうが優秀だと感じているから。

僕はやろうとすることの行き先をビジョンで示したり、そのルートをあれこれ試行錯誤して開拓したりして、あとはすべて社員に任せています。僕よりも社員のほうがよほどスマートにやれるのです。

人のなかにいるのが苦手で苦痛だという感情は、他人に対してだけでなく、自分の家族に対しても同じでした。

僕には4人の弟妹がいますが、父親が若くして会社経営をして忙しかったこともあり、長男の僕は祖父母の家で育てられたようなものでした。

そのせいもあって両親や家族とも距離があり、極端な反発心になって表れることも多くありました。

特に父親とは、会えばしょっちゅう喧嘩をしていました。これまでに3回「縁を切る」と勘当されています。

いちばん大きく衝突したのは、弟の武人《たけひと》が統合失調症を発症したときです。

その当時、武人は大学生でした。

統合失調症は、幻覚や妄想などが起きる「陽性症状」、感情が著しく減少し、何を見ても何をしても何も感じず喜怒哀楽がなくなる「陰性症状」、思考や話が支離滅裂になる、制御できない行為をするなどの「解体症状」を繰り返します。
「自分の命が誰かに狙われている」「自分の秘密がいつの間にか世界に知られている」といった重い妄想にとらわれ、自分がどんどんおかしくなってしまうのです。

僕は子どもの頃から友達の輪にも入れなかったので、武人がほとんど唯一の遊び相手でした。武人は僕と違って子どもの頃から明るく、勉強もできる「いい子」でした。それなのに、僕以上にどうしていいか分からない状態になってしまったのです。

幻覚のせいで暴れる武人を連れていった病院の医師からは、「これは一生治りません」と宣告されました。父親は「そんなはずはない。あの医師が間違っている」と病院を転々としたり、民間療法を試したりしました。僕は「何か原因があるはずだ。食べ物がいけないんじゃないか」と親のやることに口出しするようになりました。

父親も僕も、武人の障害が「治らない」ということを認めたくなかったんです。ついには治療方針の違いで大喧嘩になり、「二度と敷居をまたぐな」と勘当されました。当時は責めてしまいましたが、僕以上に親はつらかったんだと思います。さんざん手を尽くしましたが、すべてだめで、やがて治そうとするのではなく、障害を「理解」しようとするようになりました。武人が統合失調症を発症してから、もう20年以上経ちますが、今はありのままの武人を家族は受け入れています。

「障害受容」と呼ばれるものですが、そこにたどり着くまでは大変な葛藤があったのです。

ポケットコンピュータとの出会い

僕が育った愛知県西尾市は、抹茶の有名な産地。

市内の中学生は毎年、授業の一環で茶摘み体験をします。

僕はこれも苦痛でした。お茶を摘むなんて単純作業のどこが?と思われるかもしれないのですが、僕の悩みの種はお茶畑までの移動でした。

学校から茶畑まではみんなで自転車移動します。運動神経が鈍かった僕は、中学でも補助輪付きの自転車にしか乗れない。さすがに、そんな子は周りにいません。絶対にバカにされ、からかわれることは決まっています。

そこで自転車の練習にもなるし、健康にもいいからということで、中学に入ると、自転車で新聞配達をしました。祖母が新聞配達をしていたので、その手伝いをしたのですが、月に1万2000円ほどの収入がありました。

中学生としてはそれなりの財力です。そこで当時発売されて話題になっていたポケットコンピュータを手に入れました。

電卓を横長にしたようなもので、BASICと呼ばれるプログラミング言語を扱ってプログラムをつくることができます。英語は学年最下位レベルだったけれど、なぜかプログラムは苦もなくできました。

まだファミコンもなかったので、自分で簡単なゲームをつくったりできるのが楽しくてはまっていきました。読書も好きでしたが、本は読んでインプットして想像するだけ。けれどポケットコンピュータはインプットして想像したものがかたちになっていく。その面白さに目覚めました。

もちろん当時は、そこからITの世界で仕事をするなんて思ってもみず、単純に面白くてのめり込んだだけです。

しかし、このことをきっかけに大きな変化が起きました。コンピュータが好きな仲間が少しできたのです。

僕は基本的に人の顔を覚えることが苦手で、誰が誰だか分からなくなります。声を掛けられても、なんとなく見覚えはあるけれど誰だろうという感じになることが多いのです。それもあって、極力、一人だけで自分の世界に閉じこもっていました。

それが、当時珍しかったポケットコンピュータを学校に持ち込んで遊んでいたら、興味をもった子たちから声を掛けられたりして、まあまあ注目されたのです。

そうして、コンピュータ好きみたいな子たちとなんとなく集まるようになり、シミュレーションゲームをつくってみたりするようになりました。相性占いをつくったときは、女子にも人気になったりしました。

自分から声を掛けるわけではなく、自分が好きなものにはまっていたら、自然にコミュニティみたいなものができました。なので、その世界で集まっていることに関しては苦ではなかったのです。

とはいえ、それならその仲間と勉強も一緒にしたりするかというと、そういうわけではなかったので、相変わらず成績は国語以外ボロボロでした。みんなが高校受験の勉強を意識してやり始める頃になっても、僕はやる気になれませんでした。

そもそも僕には、目の前のやらなければいけないことより、自分のやりたいことの欲求のほうに強く引っ張られてしまう特性も強く表れていました。それでも田舎の町で、周りの子たちの顔ぶれも保育園時代からほとんど変わらなかったので、中学までは「あいつはそういう奴」という扱いで済んでいたわけです。

自分は変かもしれないけれど、わりと自分が望んだ「基本的に人と関わらない世界」でなんとか生きられていました。

それが高校に入ると、いきなり周りが知らない人たちばかりになって、そこで自分がいよいよおかしくなっていったのです。

日本の障害福祉の世界では、事実上、特別支援学級が高校以上では設置されていないという問題があるのですが、そこにも通じるものがあるかもしれません。

暗黒の高校時代

思春期になると普通に健康に過ごしていても、同性異性含めて周りの子たちと自分の違いが気になると思うのです。

僕もそうでした。周りのみんながすごく大人に見え、そのなかで自分だけがポツンと子どもでいるような感覚をもっていたのです。なんでみんなそんなに大人なの？といつも思っていました。

中学のときは、今の状態で小学校からやり直せたらいいのにと思い、高校のときは、同じように今の状態で中学からやり直したいと、叶うはずのないことを本気で願っていたわけです。

「こんな自分じゃなければもっと人生は楽なはず」

学年が上がるごとに、僕のなかの劣等感は膨らんでいきました。

高校も本当は行きたい学校があったのですが、まったく勉強をしていなかったので「ここには行きたくない」と思うような地元の高校にしか行けませんでした。

将来についても、なんとなく図書館みたいなところで働きたいと思っていました。好きな本に囲まれて過ごせるし、人にはできるだけ接しなくて済むだろうと考えたからです。もちろん、現実を知らない子どもが抱いた幼く勝手なイメージなのですが、そんな夢も、希望した高校に進学できなかった時点で、早々に打ち砕かれました。

高校に入学してからは、悪夢のような日々が待ち受けていました。

僕が通っていた中学は当時では珍しく坊主頭ではなかったのですが、ほかの中学はほとんど坊主でした。そのため、髪が長いというだけで、目立ちたくないのに目立ってしまったのです。即行で目をつけられて絡まれました。

僕はいろいろな意味で幼かったので、ヤンキーから何かと目をつけられたのです。僕が抵抗しないので、ベルトで首を絞められて気絶したこともあります。

そんな最悪な毎日を送っているうちに、自分が「悪口を言われている」という妄想にとりつかれていったのです。

「変な奴」と四六時中言われている気がする

いちばん悩まされたのが「変な奴」という悪口を言われている妄想でした。実際に言われているのか、自分の頭のなかに残った言葉が再生されているのかも分からず、とにかく常に「変な奴」と言われている感覚にとらわれました。

特に困ったのが〝人の気配〟に気を取られてしまうことです。これは、なかなか伝わりづらい感覚かもしれません。

教室で座っていると、自分では意識したくないのに、黒板よりも周囲の生徒の気配が気になって仕方ないということがありました。自分の視界に入るクラスメイトのほうに意識が向いて、ジロジロ見てしまうこともしょっちゅうでした。

隣が女子だったりすると「なに、こいつずっと見てきてキモイ」と嫌な顔をされます。僕だって見たくて見ているわけじゃありませんでした。でも自分の机にだけ衝立を置くわけにもいかなかったですし、授業中はいつも困りました。

当然、授業なんてさっぱり頭に入ってきません。黒板に集中して、周囲なんて見なければばいいだろうと思われるかもしれないのですが、それができないのです。自分の近くに〝誰か〟の気配があるだけで、気を取られてしまうのです。

まるで自動追尾システムが作動しているかのように、勝手に人の気配に反応してしまい、自分ではコントロールできません。そこに何か感情的なものはいっさいなく、ただただほかの誰かの動きに無意識に注意が向き、見てしまうのです。

見ないようにしようとすればするほど、余計にその反応は激しくなり、挙動不審な状態になってしまうのです。


当然、クラスのほかの生徒からすれば「変な奴」です。女子からすれば「気持ち悪い」し、男子は「ジロジロ見やがって、俺に喧嘩売ってるのか?」です。

机にうつ伏せになって耳を塞いでも、周りから「なにこいつ変な奴」「気持ち悪い」という声が聞こえてきます。

それが本当に言われているのか、妄想なのかは自分ではもう区別ができませんが、感覚的には「言われている」という状態があるのは事実です。

ヒソヒソ声だけれどもクリアに聞こえてくるのです。ひどい場合には、道を歩いていて通り過ぎた人からも聞こえてきます。「今の見た？　あいつ変だよね」とまったく知らない他人なのに言っているように聞こえるのです。

むしろ目の前で言われたほうがよほどマシです。そうではない、聞き間違いなのかどうかというレベルで確かに聞こえる状態は地獄です。常に周りが何か自分の悪口を言っているように思えるので、とにかく何も聞こえないふりをするしかなくなります。

高校では、別に眠たくもなんともないのに、いつも自分の席で机に突っ伏して寝たふりをして過ごしました。ずっと何か自分のことを言われているのを「聞こえないふり」をして過ごすという生活が、高校生のときから25歳ぐらいまで続きました。

これは今なら、発達障害の特性、もしくは発達障害の二次障害で統合失調症に近い状態だと分かります。

ですが、そういった精神疾患があることも知らなかった僕は、とにかく自分の黒歴史としか思っていませんでした。こんな奴はほかにいなくて、周りはみんなまともで自分だけが変なのだと納得していたのです。

希死念慮《きしねんりょ》に苛まれる

どこで何をしていても自分は嫌われている、そんな認識がずっとつきまとうようになると、僕は無意識のうちに愛想笑いをするようになっていました。

他人と関わりたくないけれど、嫌われたくないという複雑な意識が自分のなかにあり、どうしていいか分からないので愛想笑いをしてしまうのです。

何を言われても何をされても愛想笑いをしていた僕は、周りからは余計に変な奴に見られていました。

高校さえ卒業すれば、この面倒な世界から自由になれるということばかり考え、一日も早く高校生活が終わることだけを願っていました。何も楽しみがなかった高校時代は、一日一日がものすごく長く感じられました。

実際に周囲が自分を責め立てたりしてきたことはなく、むしろ周りは「変な奴」とは関わらないでおこうとしか思っていなかったでしょう。それなのに、自分のなかでは「消えてほしいぐらい嫌われている」「自分がいないほうがいい」という強い希死念慮が膨らみました。

そして、自分への悪口も相変わらず聞こえていました。

すると、だんだんと死ぬことを考え始めました。死ぬことが自分の〝救い〟だという感覚です。死んだら楽になれる、そんな考えが自分のなかで、極めて自然に浮かんでくるようになっていました。

もし当時が、今のようにネット上で探せば自殺情報が簡単に見つかるような時代だったら、僕も死を選んでいたかもしれません。

こういう話は非常にセンシティブなことなので、軽々しく話すものではありません。今の僕はそれも分かっていますが、当時はもう自分には死ぬことしかないぐらいに思い詰めていました。

ただ、どうやったら楽に死ねるのだろうとか、痛かったり苦しかったりするのは嫌だなどと考えると、いい方法が浮かびません。自分で死を選ぶのも簡単ではないのです。そのハードルの高さだけで死ねなかったことは、今思えばラッキーでした。当時は、ドラマなどで余命宣告を受けた主人公を、本気でうらやましいとさえ思っていたぐらいです。

「生まれてこなければよかった」

「５人兄弟の長男で、経営者の息子がこんな変な奴でごめんなさい」

そんなふうに自分を責める毎日。


発達障害の人のなかには、周りが本当に何か責めてくるわけでもないけれど、本人は、周りからの攻撃を感じて憎悪を燃やしてしまう人もいます。

その背景には、親からのネグレクト（育児放棄）を含む、さまざまな虐待などが関係していることもあります。

僕の場合は、親に反発していたとはいえ、両親からは愛情を与えてもらっていたために、憎悪に向かなかったことも幸いでした。


僕は死を考える現実から逃避するために、次第にゲームばかりするようになっていきました。周りが大学受験に向けて勉強に励んでいる頃、僕は全盛期だったファミコンに夢中になったのですが、その熱は高校を卒業したあと、後述する転職が続いた時代にも続きました。反射神経が鈍かったので、みんなに人気の「スーパーマリオブラザーズ」などはやらず「いただきストリート」のような資産を増やすボードゲームをずっとやっていました。ゲームのクリア回数を表しているカウンターが、999回を表示してまた1に戻るぐらい、朝から晩までゲームをしていたのです。

逃げられる場所の大事さ

ずっと同じことをグルグルと頭のなかで考え続けてしまうのも、発達障害の特性の一つです。

ゲームをやっていたのも、自分なんていないほうがいいんじゃないかという嫌な考えが頭から抜けなかったからです。ゲームにのめり込んでいる間は、とりあえず嫌な考えのループから抜けられるわけです。

一般には「ゲームに逃げ込む」のは良くないことかもしれません。ですが、死を考えるぐらいの状況だと、たとえゲームであっても逃げ込める場所があるのは意味があります。それすらなければ生きていけないかもしれないからです。

逃げ場としてのゲームは「あり」か「なし」かと問われれば僕は「あり」と答えます。

ほかに何か代替するものがあればいいのですが、気持ちの逃げ場がなくなるのは怖いと思います。

発達障害は一見、どのような症状が当てはまるのか分かりにくいのですが、障害の定義は「生きづらさ」、つまり「生きていくことそのものに困難を抱えている」ということです。この生きづらさを解消するために、何かにはまっているというのはよく見られる状態です。

これは親目線で見たときに「そんなことをやっているからほかのことがちゃんとできないんだ」となりがちですが、それは生きづらさからの逃げ場となっている可能性もあります。だからこそ、愛情をもって接してあげてほしいと思います。

僕の場合は、自分の抱える生きづらさを親が理解していたとは、正直なところ言い難い面があります。

ですが、それが逆に良かった部分もありました。良くも悪くも大らかな親だったので、衝突はしながらも放っておいてくれたからです。

これがもしも過干渉な親だったら、本人も親もどっちも苦しんでいたかもしれません。親も「心配だから」関わろうとして、それがまた本人にプレッシャーを与えることもあります。

だからこそ、親にはゆるやかに見守ってほしいと思います。難しいことなのですが、僕の場合は放っておいてもらって自分の世界に閉じこもっていたことが、今の仕事に結びついています。

もしそこで、何かもっと違うことを無理にさせられて「矯正」されていたら、僕はさらに頑なに、自分の世界に閉じこもり続けていたかもしれません。

Column

発達障害とは何か

発達障害とは、医学的には「脳の中枢神経など、脳の一部の発達に生まれつき違いがある」ために起こる特性のことをいいます。

よく、親の育て方が悪いとか、本人の性格のせいにされがちですがそうではありません。

情報処理の仕方が独特で、本人の得意なこと・不得意なことの凸凹が激しいなど、一見して障害とは周囲にも分かりにくいため、いろいろな誤解をされることも多く、そのことが「生きづらさ」にもつながっています。

発達障害の代表的なものにはＡＳＤ（自閉スペクトラム症）やＡＤＨＤ（注意欠如・多動性障害）、ＬＤ（読み書き計算などの特定のことができない学習障害）が挙げられます。

最近の研究ではＡＳＤと精神障害である統合失調症（陽性症状の幻覚や妄想、陰性症状の意欲喪失や感情の減少、解体症状の思考障害や奇異な行動など）はオーバーラップするケースがあることも分かってきています。

また、同じ障害であっても、個人の程度差が非常にあるのも発達障害の特徴です。

個人差という点では、発達障害には「グレーゾーン」もあります。ＡＳＤやＡＤＨＤ、ＬＤと明確に診断はされないものの、そうした傾向を抱えている発達障害グレーゾーンの人は、子どもに限らず大人にもいます。

グレーゾーンの場合は、例えば成績は非常にいいなど、一面的には発達障害とは見えないこともあります。そのため、本人にも自覚がないまま社会に出て、過集中な状態で仕事をしてしまい心身を壊したり、そこから職場のトラブルを抱えて二次障害を発症したりといったことも、近年では課題になっています。

2

「人と違うことはすばらしい！」
父の一言で、“障害”が“才能”に
変わると気づく

禅寺修行からの脱走

早朝4時。

シーンとした音一つないお寺の道場で、座禅が始まる――。

受験勉強をまったくしなかった僕は、高校卒業と同時に福井県にある有名な禅寺に放り込まれました。

通常なら浪人すれば予備校などに通うところですが、経営者でもあった父親は「これはチャンスだから寺で修行したほうがいい」という考えのもと、僕を禅寺に預けたのです。

もちろん嫌でしたが、まだ自分も心のどこかで大学に行きたい気持ちがあったので、修行で勉強に集中できるようになるかもしれないと考え、親の指示に従うことにしました。

この禅寺には有名な老師がいて、その老師のもとで修行をするために、世界中からいろいろな人たちがやってきていました。そんな環境で座禅修行をしたわけですが、ここでもやはり二次障害が妨げとなりました。

普通に考えれば、座禅をすることで心は穏やかに落ちつくはずです。それなのに、僕の場合は座禅をしていても、どこからか自分の悪口が聞こえてくるのです。

周りの修行者やお坊さんが僕の悪口を言っている気がしました。本当に言われているのかどうかは分からないけれど、自分の頭のなかには悪口が響き渡るのです。しまいには、同室だった海外の修行者が、英語で自分の悪口を言っているようにも聞こえてきました。

まさに地獄です。

結局、僕は2カ月ぐらいで我慢できなくなり、とうとう寺を脱走しました。

とはいえ、お金も持っていないので歩いていると、追いかけてきた人に寺に連れ戻され、そこから親に「息子さんの様子がおかしいようなので」と連絡が入って家に帰ることになりました。

その当時のことは自分ではよく覚えていないのですが、どうやら家に帰ってからも部屋の中で縄跳びを始めてみたりと、いろいろな奇行をしていたようです。

いわゆる「統合失調症スペクトラム障害」と呼ばれる、妄想や幻覚、思考障害や奇異な行動が連続して現れる状態になっていたのでしょう。

「統合失調症スペクトラム障害」は突然発症したり、何年もかけて徐々に発症したり、その程度も個人差があるため診断が難しく、なかなか周囲に理解されません。

当時の僕は、そんな精神障害の症状があるということも知らなかったため、自分がどうなっているのかも分からず、ただ幻覚の世界のなかに住んでいたのです。

働きづらさで転職を繰り返す

禅寺修行からも逃げ出した僕は、また親とも衝突して結局、祖父母の家に居候するようなかたちになりました。

とはいえ、自分の生活費は自分で稼がないといけません。受験勉強をするというのは頭の片隅にあったものの、とりあえずアルバイトを始めました。特に何かやりたいことがあったわけでもないので、とりあえずアルバイト情報誌をめくって仕事を探しました。

人とできるだけ会ったり話したりせずにできる仕事、という条件で探しました。僕の地元の西尾市はトヨタ自動車のお膝元なので、自動車関連の工場はたくさんありました。僕の最初のアルバイト先も、自動車部品を製造している鉄工所でした。

その鉄工所での労働条件はそれほど悪くなかったと思うのですが、実際にやってみると、自分は「同じ作業を繰り返す」ということが苦手だということが分かりました。

人によって異なるのですが、発達障害がある人のなかには、できるだけ決まった作業を正確に繰り返すものが向いている人もいれば、すぐに注意がほかのところに向いてしまう人もいます。僕は後者で、このタイプは同じことをずっとやり続けることができないのです。

その頃は、自分がそういった特性をもっていると認識できていなかったので、せっかく始めたアルバイトもすぐに辞めたくなりました。何か決定的に嫌なことがあったわけでもなく、ただ行きたくなくなってしまったのです。

また、人と話さなくて済むから鉄工所のアルバイトを選んだのに、そこでもまた誰かが自分の悪口を言っているという感覚に襲われました。

だんだんと居心地も悪くなり、結局2カ月で辞めてしまいました。

そこからは転職の繰り返しです。

次に見つけたのは、スキー場のペンションのアルバイトでした。当時、スキーが流行っていたこともあって、なんとなく安易に始めてみたのですが、働き始めて1週間ぐらい経った頃、ストーブに灯油を入れようとして、灯油をぶちまけてしまいクビになりました。

その次は飲食店で皿洗いをしようとしましたが、なぜかウエイターをやらされて苦しみました。人と関わりたくないのに接客をすることになったからです。

ここでも周りのパートさんたちから「あの人、変じゃない?」という声が聞こえてきました。僕はどうにか好かれようと愛想笑いを繰り出したのですが、それがやはり、余計変に映ったわけです。ぎこちない人間関係が嫌になり、そこも半年ほどで辞めました。

そのあと、少しは女の子に縁のあるところで働いてみたいと思い、劇団のアルバイトも受けたのですが、面接で逆上がりができずに不採用になりました。

もうその頃には大学に入りたいという気持ちも薄れて、どうせ働くのならアルバイトではなく、待遇がいい正社員になろうと考えるようになっていました。

ハローワークの常連

働くということに対して、世の中の多くの人は、何か自分の基準や考え方――自分の得意なものを活かしたい、やりがいを感じたい、人の役に立ちたいなど――をもっていると思います。

ですが僕の場合は、高卒で中途半端な浪人のようになって、特になんの目的も仕事選びの基準もないまま、世の中に出てしまいました。

そのため、ハローワークで仕事を探しても結局肉体労働しか選択肢がありませんでした。こんな仕事がしてみたい、こんなところで働いてみたいというよりも「行けるところに行く」しかなかったのです。

正社員として初めて働いたのは家電店でした。僕はサービスマンとして、家電製品を買ったお客さんのところに家電を運んで設置したり、製品の配線や設定をしたりという仕事を任されました。配送ルートを決めて、1日に12件ぐらいのお客さんのところを配送車に乗って回りました。

中学生のときにポケットコンピュータにはまったこともあったので、こうした家電製品を相手にするのは苦ではありませんでしたし、テレビの配線などの作業をするのはむしろ好きなぐらいでした。

この仕事でいちばん苦痛だったのは、設置が終わったときにお客さんから「お茶でもどうぞ」と勧められることでした。普通の人ならなんということもないのでしょうけど、僕の場合は何を話せばいいのか分からないので苦手でした。とにかくさっさと終わって帰りたい気持ちのほうが強かったのです。


もしかしたら家電の配送設置をするサービスマンの仕事は、珍しく自分に合っていたのかもしれません。

人と接するといっても、設置した家電の説明をするぐらいでした。今もそうなのですが、自分が好きなことや得意なことについてなら、人と話すのは苦になりません。家電の説明も好きな分野なので、特になんとも思わずにできていました。

ですが、その仕事もあるとき、大寝坊したことがきっかけで行きづらくなって辞めてしまいました。その前日に夜遊びをしたため、次の日に起きられず、気づいたら昼になっていたのです。

僕はこんなふうに、せっかく続きそうになった仕事も、ささいなつまずきで辞めていました。ハローワークでは「また来たの？」と言われるぐらい常連になってしまいました。正社員として働き始めた19歳から24歳ぐらいまでは、働いては辞めるの繰り返しだったのです。

けれども、僕の親はそのことを特にとがめるわけでもなく、何か一つだめならまたほかのことをやればいいという考えでいてくれました。

自分が本当に続けられることを探せばいい。そんなふうに直接的に言ってもらったわけではなかったのですが、親も心のなかではそう考えていたのだと思います。

今にして思えば、そういう親に救われていたのかもしれません。親の接し方が、僕自身の特性を活かして伸ばすことにつながったのだと思います。

もし父親が、僕の特性を深刻に受け止めて病院などで治療を受けさせ、薬などで特性を抑制していたら、今の自分はいなかったんじゃないかとも思います。

「あいつスーパーバカだぜ」

何度も仕事を辞める僕に、父親があるとき「知り合いがつくった会社がパソコンを使える奴が欲しいと言っている」という話をもってきてくれました。

土木工事会社で、検査業務などもあるのでパソコンを使える人が必要だというのです。父親は建設機械リースの会社を経営していたので、そこでもアルバイトのような感じで働いたことはあったのですが、どうしても「社長の息子」として見られて、それで悪口を言われている気がして苦しく感じ、長続きしませんでした。

父親の知り合いの会社なら社長の息子という色眼鏡で見られることもないだろう、それにパソコンを使う仕事なら自分に合っているかもしれないと思い、そこで働かせてもらうことにしたのです。

ところが――。

パソコンの仕事ができるという話で入ったのですが、実際はもろに現場仕事でした。

それも朝6時から夜8時まで働きっ放しという超ブラック企業だったのです。休みも月3日ほどしかありませんでした。

仕事の内容は、大きな下水管の埋設などを行う作業員だったのですが、日々、死と隣り合わせなぐらいの危険な環境でした。

実際にコンクリート板を吊っていたワイヤーが切れて、1トンほどもあるコンクリート板が僕のすぐそばに落ちてきたこともありました。あと数センチずれていたら、下敷きになって即死していたと思います。

そんな現場なので働いている人たちもガラが悪く、僕のことを「どこかの社長の息子でボンボン」と聞きつけ、「なんでこんなとこ来るんだ」といじめます。そのうえ僕は運動神経がないので、動きも鈍くどんくさい。「使えねぇんだよ」と怒鳴られ、ものもよくぶつけられました。

自分ではまったくそんなつもりはなくても「お高くとまりやがって」と言われ、何も反論できず愛想笑いで返すと、さらに「なめてんのか」となりました。暗黒の高校時代がよみがえりました。

仕事が終わると、みんなでコンテナハウスのような詰所でおにぎりなどを食べるのですが、その輪のなかにも入れませんでした。すると、みんなが自分の悪口を言っているのが聞こえてきたのです。

「あいつ、社長の息子なんだろ？　世間体もあるから普通ならどんなバカでも大学ぐらい入れるよな。それでも入れないんだからスーパーバカだぜ」

聞こえないふりをするしかありません。ただ、この頃、僕は25歳になって遅れてきた反抗期のなかにいました。仕返しをするようなことはしないけれども、根性みたいなものは据わっていました。

僕も親と衝突して、さんざん喧嘩もして、親のことを悪く言ったりもしたけれど、他人に親のことをどうこう言われるのは許せません。大学に行かなかったのも、自分がまったく勉強しなかったためで親のせいではありませんでした。親は「人生は学歴じゃない」と僕をかばってくれていました。

そんな気持ちが、気づいたら顔に出るようになっていました。殺すなら殺せよ、というぐらいの気持ちではいたのです。

パソコンショップで居場所ができる

土木工事の会社に入って2年ほど経った頃。

僕は、現場帰りに街のパソコンショップでＷｉｎｄｏｗｓ３・１が発売されるという告知を見掛けました。

その瞬間、何かが自分のなかで反応したのです。それまでのパソコンといえばＭＳ‐ＤＯＳなどのオペレーティングシステム（基本システム）で、コマンドを打ち込んで操作するものでした。

C:\Windows\system32>chkdsk（ディスクエラーを修復）というような、分かる人には分かる、分からない人には分からない構文を打ち込んで操作します。

それに対してＷｉｎｄｏｗｓ３・１は文字どおり、ウィンドウを使用した、グラフィカルなユーザーインターフェース（ＧＵＩ）に変わり、一気にパソコンの世界が身近になる画期的なオペレーティングシステムでした。

僕自身はＭＳ‐ＤＯＳの存在も知っていましたが、まだその頃のパソコンは、いわゆる「パソコンオタク」が使うもので、世の中的なイメージも良くありませんでした。ただでさえ自分が嫌われていると感じて生きていたので、興味はもちつつ距離をおいていたというのが本当のところでした。

けれどＷｉｎｄｏｗｓ３・１は、パソコンをオタクだけではなく普通の人が扱えるものにしてくれる、世の中を変えるような可能性をもった新しいものとして、僕の心に飛び込んできました。すごくワクワク感を覚えたわけです。

それまでは、結局のところ親が敷いてくれたレールを走っては脱線するという繰り返しをしてきました。

Ｗｉｎｄｏｗｓ３・１との出会いで、ようやく「人生は一度きり。自分の好きなことをやってみよう」という気持ちが湧いてきたのです。

そして周囲の反対を押し切り、またハローワークへ出向きました。

今度は明確に「パソコンショップで働きたい」という希望をもって面接を受け、規模としてはやや大きな個人店といったパソコンショップで働き始めました。

それまでのパソコンはオフィス内での限られた事務作業か簡単なゲームができるぐらい

で、何かを劇的に変えるものではありませんでした。今のパソコンのようにインターネットにつながっていることもなく、せいぜいパソコン通信と呼ばれた、それこそパソコンオタクたちが集まるような閉じたネットワーク内だけの狭い世界だったのです。

それがＷｉｎｄｏｗｓ３・１の登場とインターネットの普及で、僕はこの先に何かすごく面白いことが待っているという気持ちになり、大きな可能性を感じました。

何かの仕事を通して、そんなふうにワクワクするのは初めての体験でした。

給料は土木会社に比べてがくんと下がりますが、それでもそっちの世界に行きたくなったのです。よく考えると、初めての前向きな気持ちの転職だったかもしれません。

ここは天国？

働き始めたパソコンショップは、正社員５人とパートやアルバイトが数人の規模で、スタッフのほとんどがオタクでした。

今でこそ「オタク」という言葉も含め、何かにマニアックなぐらい詳しい存在として世の中でも認められていますが、当時はアニメオタク、パソコンオタクといえば「ちょっと近寄らないで」と思われる変な人たちという認識でした。

そうしたスタッフがやっているパソコンショップにやってくるお客さんたちも、同じようにオタクの人がほとんどでした。

そのなかで僕は、パソコンの販売やお客さんの買ったパソコンのサポートをすることになったのですが、仕事にはすんなり入っていけました。もともと好きな分野だし、知識やノウハウもどんどん吸収できました。

これまで、夏は焼けるほど暑く、冬は凍るぐらい寒くて危険という、キツイ現場仕事がほとんどだったので、空調の効いた店内で好きなものに囲まれて仕事ができるなんて「ここは天国か」と思ったぐらいです。

さらに、人間関係も楽でした。基本的にオタクは、不必要に人と関わろうとしません。自分の好きなことは積極的に話したりするけれど、攻撃してきたり、イチャモンをつけたりするようなことはしないのです。

それまで自分がおかれていた環境を振り返ると、高校時代はヤンキーに絡まれ、土木会社ではパンチパーマのガラの悪い人たちにいじめられていました。

一転した環境で、急にオタクのなかに入り、自分の居場所がようやくできた感覚でした。

僕は25歳になり、初めて「自分がここにいてもいい」と思える場所で、長く自分を悩ませてきた妄想や幻聴からも抜け出せました。

人生で大事なことを教えてくれた父親の一言

親が敷いたレールを自分から降り、初めて自分で自分の道を、それも何か楽しそうなことがあると思える道を進み出した途端、親に感謝したい気持ちが湧き上がってきました。

僕がパソコンショップで働くことを決めたとき、父親が車の運転をしながら、僕にいろいろな話をしてくれたのです。そのとき父親が口にしたのが「人生で大切なのは、人からどれだけのことをしてもらえるかではなく、人にどれだけのことをしてあげられるかだ」という言葉でした。

父親は経営者であり読書家でもあったので、人生で何が大事なのかをいつも考えている人でもありました。

父の言葉を聞いたとき、僕はこれまでの自分が、他人からの視線や評価ばかりを気にしていたことに気づきました。

僕はずっと、どうすれば人に嫌われないで済むか、人に好いてもらえるようになるかということばかりを考えていました。だから、周りに「変な奴」と思われる自分に、周りと違うためにいじめられる自分に、悩み苦しんできました。その苦しみは、僕が無意識のうちに「自分」中心の考え方、生き方をしていたからだということが分かったのです。

人に好かれないからといって卑屈になることも、人から言われる悪口に怯える必要もなかったのです。人と違うということは、決して悪いことや劣っていることとイコールではありません。自分が他人にどう見られるかを考えるのではなく、自分のもつ個性を活かして人の役に立つことをすればいい――父親の言葉によって、僕はそういうふうに考えられるようになりました。

そして、当時の僕は、自分にできることが何かを考えました。

「土木の世界は待遇につられて行ったけれど、自分の好きなことでも得意なことでもなかった。今は好きなパソコンの世界にいて、自分の居場所を見つけられた。それなら、自分の得意なことであれば、何かできるんじゃないか」

周囲からどう見られるかに左右されず、自分にできること、人にしてあげられることを考えられるようになったのです。

これはあとから思ったことですが、どうやら自分は、いろいろな意味で父親の背中を追っていたようです。本が好きなのも読書家だった父親の影響だし、経営者になったのもそうかもしれません。いろいろ反発したり衝突したりしたのも、父親のようにはなれないという不安や寂しさからだったのかもしれません。

心のどこかで父親を追い求めているというのは、きっとあったと思います。

自分の特性が活かせる仕事にどう出会うか

自分が居心地よくいられる場所。

実は、すごく大事なことなのかもしれません。

人と関わることが苦手で、できれば避けていたかった僕が、パソコンショップではそれを考えずにいられました。だからこそ他人の評価を気にせず、自分がここで何ができるかという考え方にシフトすることができたのです。

スタッフもオタクばかりの店といいましたが、決して変な人たちではなく、みんないい人でした。オタクと呼ばれる人たちは仲間に優しい。表現が下手なだけで、人を攻撃したりもしません。

今とはオタクのイメージが違う時代だったので、当時の世間の目には「近寄り難い独特な世界」のように見えていたかもしれませんが、至って平和な世界でした。

パソコンショップで働くようになるまで、世の中にそんな平和で居心地のいい世界があるなんて知りませんでした。そういう場所に出会えること、自分の身をおくことはとても大事だと思うのです。

これは、あとでお話しする僕たちが立ち上げた「ココトモファーム」にも通じる部分です。ワクワク感があって自分が居心地いい場所、そういう環境で人はどんどん自分の特性を活かすことができるのです。

それまで「自分はなんでみんなと違うのだろう、なんで生きづらいのだろう」と自分を苦しめてきた〝特性〟が、逆に活きてきます。

気がついたら僕はパソコンショップでは、いろいろな場面で自分の特性を活かせていました。

《気が散りやすい　↓　周囲に敏感で気づきが多い》

暗黒の高校時代、僕は周囲の人の気配が気になって授業に集中できませんでした。人の気配を自動追尾してしまうことで困っていたわけです。それがパソコンショップでは役に立ちました。何かほかの作業をしていても、お客さまが入ってきたらすぐに気づきます。

お客さまが何か困っていて、スタッフに聞きたそうにしていたら、すぐその気配を察知できました。誰よりも早くお客さまに応対できるのです。これまでネガティブにとらえていた自分の特性が、ポジティブに活かせるようになりました。

《興味関心の幅が狭く、こだわる

↓ 得意分野の話が豊富にできる》

パソコンショップに来るお客さまは、マニアックな人が多くいます。そうしたお客さまには、自分が好きで得意分野のパソコンや技術周りの話をいくらでもできます。学校では一つのことを狭く深くよりも、いろいろなことをまんべんなくできるほうが評価されるのですが、社会に出ると必ずしもそうではなかったのです。

これは僕の感覚ですが、世の中のカリスマ店員と呼ばれる人のなかには、ＡＳＤ（自閉スペクトラム症）の特性をもった人が結構いるような気がします。

僕もようやく自分の特性がそのままポジティブに出せる場所に出会って、自分を花開かせることができました。

さらに僕の場合は、本意ではなく苦しかったとはいえ、それまでいろいろな社会経験がありました。オタクの場合、自分の好きな世界だけで生きていることも多いのですが（それがだめなわけではありません）、そうするとどうしても接客が苦手だったりします。常連のマニアなお客さまとはずっと話していられるけれど、一般のお客さまにうまく対応できないのです。

その点、僕はまあまあ社会でもまれていたことが、わりといろいろなタイプのお客さまに、仕事の範囲であれば向き合うことの役に立ったのです。

入社1年でトップセールスを達成し店長に

僕がパソコンショップに入った当時の店長は、売上には無頓着でした。これもオタクの人に多い傾向ですが、好きなものに囲まれて好きなことができていれば、それで満足してしまう部分があります。

店としてどれくらいの売上を達成しているのか、売上が伸びているのか下がっているのかはスタッフも知らない、そんな感じの店舗運営だったので、社長と店長は喧嘩ばかりしていました。

社長は当然、店の売上のことを指摘してきました。そんなとき店長は、売上のことをスタッフに言ったからといって売れるものでもないと反発していました。そんななかで、パソコンブームが始まり大型量販店も積極的にパソコンや周辺機器、ゲームなどの販売に乗り出し始めます。

そうなると僕が勤めていた個人店のようなところは打撃を受け、売上がどんどん下がっていきました。

さすがに我慢できなくなったのか、社長がある日突然、ピッチャー交代を告げました。僕に店長をやれと言ったのです。

その頃、僕は店でいちばん社歴が浅かったのですが、売上はトップでした。ほかのスタッフと比べると、5倍ほど売り上げていました。ほかの人が1台パソコンを売る間に、自分は5台売るわけです。

その頃のお客さんは、法人と個人に分かれていました。中小企業も一斉に社員にパソコンを使わせるようになり、法人需要が激増したのです。またパソコンはオタクだけのものだったのが、Ｗｉｎｄｏｗｓ３・１に始まりＷｉｎｄｏｗｓ95の発売で、一気に裾野が広がり個人需要も増えました。

市場が盛り上がっていたとはいえ、それまで販売経験なんてゼロだった僕が、どうして入社していきなりトップセールスを達成して店長になれたのか、その経緯を簡単にお話しします。

まず、前店長時代は店の売上はまったく見えませんでしたが、僕は目の前にないものを理解することが難しいので、売上をグラフで目に見えるかたちにし、壁に貼り出し管理したのです。そうした姿勢と売上で評価されたのでした。

《順序立てることが困難
↓ 現状に縛られない新しいアイデアが浮かぶ》

そもそも、前店長からの店長業務の引き継ぎは、1日だけでした。それもレジの締め方といった基本的なことだけで、どうやって店舗運営をするのか、売上を伸ばすのかといったことはいっさい教えてもらえませんでした。

ですが、それがかえって良かったのです。これも自分の特性上、やらなければいけないことが順序立てて決まっていると、それが苦痛になってしまうからです。やることが決まっていないので、逆に自由に考えることができました。

売上を視覚化するのは、数学ができず赤点ばかりだった僕にとっては、とんでもなく難しいことですが大事なことでした。しかしＥｘｃｅｌなどを使えば、苦手な計算も間違いなくできていました。文字を書くことも遅くて間違いが多かったのですが、それもブラインドタッチを習得して解決しました。

片づけることも苦手で、ほとんどの人はパソコンで自分がつくったファイルなどを作業別やクライアント別などのフォルダに分けて整理すると思うのですが、僕はそれもできません。

どうするかといえば、ひたすらパソコンのデスクトップ画面に、使ったファイルをずらっと並べ、画面がいっぱいになったら何月何日というフォルダをつくって、そこに全部放り込みます。

そしてあとから「あのファイルどこにあったかな？」と必要なときに、ファイル名で検索をかけて探し出す……というように、パソコンショップは自分の苦手を補ってくれる最高の環境だったのです。

現状に縛られることなく、自由にいろいろなアイデアが出せるという特性がプラスに働き、未経験でも店長業務がすぐにできるようになりました。

僕がお客さまにやったこと

僕はいわゆる「営業」が得意なタイプではありません。そもそも人とのコミュニケーションが苦手なので、接客技術なんていうものとも無縁でした。それでも、スタッフのなかで誰よりも多くのお客さまにパソコンを買っていただくことができたのは、やはり自分の特性を活かせたからだと思うのです。

自分が何をしていても、お客さまが何か知りたそうにしていたり、スタッフを探していたりするのが察知できます。さらにパソコン関連の知識があったので、何かを知りたがって困っているお客さまとしっかり話すことができました。

その結果、パソコンを売ることができたのです。

さらに、僕自身がパソコンという存在にすごく夢を感じていたことも、大きな要因だったと思います。パソコンなら何かすごいことができるんじゃないか、こんなこともできるんじゃないか、というワクワク感が、お客さまに自然に伝わった部分もあると思います。

僕は、決してたくさんパソコンを売ってやろうなどと考えていたのではありません。自分の苦手だったいろいろな作業がパソコンで楽にできるということが、うれしかっただけなのです。紙に書いて、しかも間違いだらけで汚くなったものをファックスして……という面倒で嫌な作業が、パソコンなら簡単に修正してあっという間に相手にメールで送るだけで済む。それが楽しかったのです。

そういうパソコンへのワクワク感や期待感を、お客さまにも共感していただけたことがすごく大きかったと思います。

普通ならパソコン販売というと、パソコンのスペックや機能の話をお客さまにします。しかし、このパソコンのCPUはグラフィックの処理速度が――といった話をしても一般のお客さまにはまったくピンときません。

僕の場合、そういうマニアックな話もできるのですが、あえてそれはしませんでした。なぜなら、そこまでに一応いろいろな社会経験があり、いろいろな人と嫌々ながらも接してきたので、そこでの経験に当てはめて「お客さまにとってのメリットは何か」ということを考えて話すようにしていたからです。

パソコンのスペックがどうこうではなく、お客さまが困っていること、やりたいことの話を聞いて、それに対してこんなことができる、こんなふうに楽に便利になるという話をしました。そうすると、僕が感じたワクワク感がお客さまにも自然に伝わり、やっぱりパソコンが欲しくなるというわけです。

もちろん、ちゃんと知識の裏付けがあるから、具体的にどれくらいの速度でできるといったことも話すことができます。ここでは存分に自分の得意分野が活かせました。

《空想や妄想をしてしまう
↓
常により良い方法を考えられる》

昔から僕は、空想や妄想をすることが多くありました。目の前のことが頭に入らず、気がついたらそっちの世界に入ってしまって困ったこともしばしばでした。

そういった特性もパソコンショップでは、ほかの人が考えないことを思いつけるという、良い特性として活かすことができたのです。

例えば、それまで僕が働いていたパソコンショップでは在庫処分という概念がありませんでした。なぜなら当時は3カ月に1回、パソコンの新製品が発売され、新しいものを売ることでいっぱいいっぱいになっていたからです。

そうすると古いパソコンが売れ残って、どんどん不良在庫となっていきます。それを値下げして売ってしまうと赤字になるので、売らずに在庫のまま抱えている状態でした。

とはいえ、店のスペースも限られています。

そこで僕が店長としてやったのは、不良在庫を「目玉商品」として大幅ディスカウントしてチラシに載せて売り出すことでした。

新製品のときに30万円したものを10万円などにして、インパクトを出して在庫処分セールするわけです。すると、それ目当てでたくさんのお客さまが店に集まります。在庫を減らしながら集客もできる。

週末にそうしたチラシを打つと、本当に店の周りに行列ができるほどの大人気になりました。

さらに、そうした在庫処分と併せて、例えばフロッピーディスクも特価にしました。スーパーなどが卵やティッシュを安くして集客するのと同じです。

そういったことで、ついで買いも発生して店の売上は対前年比２００％アップを実現したのです。

そうして、スーパーバカと呼ばれていた自分が、いつの間にか「スーパー店長」とさえ呼ばれるようになってしまったのです。

自分が劣っているのではなく、みんながすごい

店長をやらせてもらうようになって大きな発見がありました。

今まで僕は、自分が人と比べて劣っていると思い劣等感をもっていましたが、違う視点が生まれました。

ショップでいちばん社歴も浅い僕が店長になったことで、ほかのスタッフは嫌な気持ちになるだろうと、僕は考えていました。後輩がいきなり自分たちを追い越して店長になれば、普通はあまりいい気持ちはしません。

それなのに仲間のスタッフはみんな、いろいろとやってくれました。自分にはできない

ことも、みんなは何でもないかのように手伝ってくれたのです。そのとき、僕はこう思いました。

――これは自分が劣っているからではなく、周りのみんながすごいんじゃないか。自分がずっとだめな存在で劣っていると思っていたけれど、そうじゃない。みんなすごいな、心強いなと、素直に思えたのです。それまでは、そんなふうに思ったことがありませんでした。

自分はものを片づけることができないので、周りの人に片づけをお願いしたら、きれいに整理してくれました。たいへん感動しました。

ここで初めて人との関わり方が変わってきたのが分かりました。劣等感が逆転して、周りへの尊敬に変わったのです。自分の受け取り方が変わるだけで、すごく人生が、状況が変わるのです。

自分が劣っているのではなく、頼りになる仲間がいる環境にあるんだということが分かるようになりました。

僕に、特にそう感じさせてくれた人間が2人いました。それは、のちに一緒に会社を立ち上げることになる、藤江と佐野という同僚でした。当時、藤江は法人営業、佐野はホームページや印刷物を制作するメディア工房を担当しており、そこに僕を加えた3人がトップに立って、店を盛り上げていたのです。2人は僕が苦手なことを察してくれて、率先して手伝ってくれました。さらに、彼らは僕と同じくらいパソコンや仕事への熱意をもっていたので、僕たちはとても気が合いました。閉店後の店内に3人で残り、長いこと議論を交わすなんていうこともしょっちゅうでした。藤江は営業が強いうえに、テキパキと仕事をこなすのでとても頼りになりましたし、のちにプログラマーになった佐野は、当時からパソコンやプログラミングの知識が豊富でした。そんな2人との会話は、僕にいつも刺激を与えてくれました。彼らは僕にとって、同じ仕事に励む仲間でもあり、心から信頼でき、また尊敬できる友人でもあったのです。

藤江や佐野、ほかのスタッフたちを尊敬するようになると、不思議なことに、自己肯定感も上がりました。スーパー店長と周りから言われることも、素直に受け入れられるようになったのです。

あの店は個人店なのに量販店以上に売っている。そんな話が当時のパソコンメーカーにも届いて、メーカーの副社長が視察に来たこともありました。

そうなると、とにかく仕事が楽しくなったのです。そんな感情を抱いたのは、生まれて初めてといってもいいぐらいのことでした。2年前までは「変な奴」「スーパーバカ」と呼ばれ、どこでも生きていけない存在だったのが、振り子が一気に反動で振れたような感じでした。

そしてそこにＷｉｎｄｏｗｓ95が発売され、さらに店は大盛況となりました。深夜のカウントダウンイベントを行い、当時はパソコンが今と違って高価で1台30万円、40万円するのが普通だったこともあって、売上も1日に５００万円を突破。レジがお札でパンパンになって入りきらないぐらいでした。

とにかく爆売れしたのです。

発達障害の特性も仕事に活かせる

僕が思うのは「発達障害の特性は、環境次第でいくらでも仕事に活かせる」ということです。

例えば、僕は物事を、ぼんやりずっと考え続けることができます。逆にいえば目の前のことが頭に入らないのですが、それも仕事では活かせます。ほかの人の何倍も何かもっとできないか、工夫できることはないかと考え続けられる。

僕は多弁ではないのですが、頭のなかではずっと一人でおしゃべりしている状態なのです。頭が常に作動している。なので、いろいろな情報が勝手に入ってきます。お店にいても、入ってくる情報量が多いから、そこからいろいろな対応ができるようになりました。

また、決まった作業を順序よくミスなくやっていくことは苦手。その代わり、突拍子もないことを思いついてやるのは得意です。パソコンでいえばマルチタスクみたいな機能が自分に付いている。

そのために、通常では出てこないようなアイデアが急に出てくることがよくあります。あとでお話しする「農福連携×６次産業」などのアイデアもそうです。世の中の多くは、こういうものはこうしなければならないという固定観念に縛られています。

福祉であれば国の補助金がなければ運営できないというのもそうです。農業は儲からないので若い人には魅力がないというのもそう。そういったところから思い切り外れて、商業から福祉を考えたり、ＩＴで福祉や農業を見たりしてみる。そうすると異質と異質のかけ合わせで、まったく新しいものが生まれるわけです。

忘れっぽいという特性もあるのですが、これは気持ちの切り替えの速さにつながっています。

親から何か言われて喧嘩しても、そのときは激しくやり合うのですが、次の瞬間には何事もなかったみたいにケロッとしていることもあります。そうすると親としては「本当に反省しているのか？」と、またそこで言われたりするのですが、単純にすぐに忘れてしまうので結果的にあとに引きずらなくて済むといういい面もあるわけです。

この本でもたびたびお話ししていますが、僕は基本的に嫌なこと苦手なことからは逃げるタイプ。ですが、例えばお客さまからのクレームなどは逃げません。むしろ、それが困難なものであれば、すごくやりがいを感じて燃えるのです。

逆に何もなくて平和なときはじっとしていられないので、クリティカルなトラブルがもち上がるとそこに集中してしまう。表現は良くないですがゲームで難易度の高いステージに挑戦するような感じです。

問題解決に対して、頭のなかがくるくると回っていろいろな方面からこうできないかなと考える。それが楽しい。

ただ、なかには非常に理不尽なこともあります。そのときは、そこで言い負かすことはしません。時間の無駄だと思えば、それは理不尽でもそのとおりにする。そこで時間を消耗するより、早く次に進んでリカバリするようにしたほうがいいからです。

これは基本的に忍耐力がないことをプラスに使っているのだと思います。だめなことは見切りが早いので、いつまでも同じところでとどまらない、どうしようもないことに引きずられないで済むというメリットがあります。

これは起業前も起業後も同じです。同じことをやり続けるのが苦手なので、やることはすごく変わっていきます。一つ何かが成功してもずっとそれをやりたいとは思わない。

その成功をもとにして違うことをする。もちろんそれを支えてくれるメンバーがいるからできることですが、そうした特性がなければ、僕はずっとパソコンショップでスーパー店長として成功したまま、そこで満足していたかもしれないわけです。

Column

発達障害の特性

◎ASD（自閉スペクトラム症）

社会的な関係性（対人関係）の障害、コミュニケーションの障害、興味や行動の偏りやこだわり（想像力の足りなさ）といった主に3つの特性があります。

対人関係は基本的に苦手。人との関わりをつくるのを避けようとするため、チームで何かに取り組むときでも一人だけ無関心だったり、周囲から浮いてしまってトラブルになりやすかったりします。

コミュニケーション面では自分の話したいことを一方的に話してしまって、相手が理解できているかどうか、相手の感情などを無視してしまうことがあります。そのために、コミュニケーションがうまく取れなかったり、相手に誤解されたりするといったことが起こりやすいのです。

想像力の足りなさにより、自分の目の前にない物事をうまく想像して理解することが苦手です。そのために「思いやりがない」「融通が利かない」といった印象をもたれてしまいまうこともあります。

また興味や関心の幅が狭く、自分の興味があることや好きなことに関しては人並み外れた集中力や記憶力を発揮し、何時間でも費やすことができるのですが、反対に興味関心の薄いものに関しては努力することが難しくなります。そのため本来すべきことを後回しにしてしまい、周囲からの評価が下がるといったことも起こりがちです。

◎ADHD（注意欠如・多動性障害）

気が散りやすく注意力を持続させることが困難だったり、ぼんやりと自分の世界で空想にふけったりすることも多く、人の話を聞いていないといったことがよくあります。

主な発達障害の分類

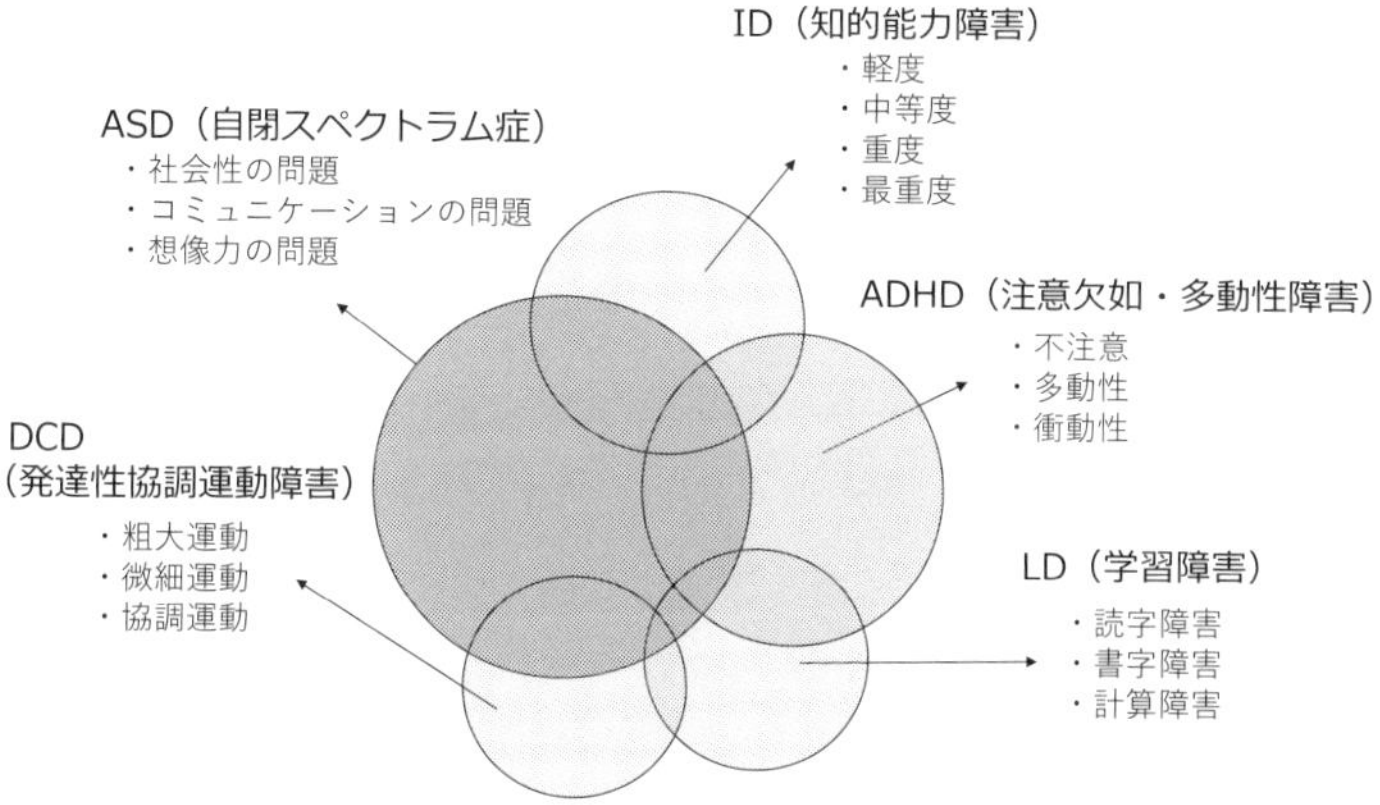

複数の特性が併存することも多い

出典：DSM-5

瞬間瞬間ではきちんとやっているのですが、ふとしたことでほかに意識が向いてしまって、やっていたことを忘れてしまうこともたびたび。そのために、せっかく真面目にやろうとしていたのに「不真面目」「いい加減」といった印象をもたれてしまうのです。

複数のことを同時に処理するのも苦手なことが多く、先生の話を聞きながら板書をノートに書き取るといったことができません。人の話を理解するのにも時間がかかるため、決して理解できないわけではないのに理解力がないといった評価をされてしまうのです。

また多動性・衝動性といった特性もあります。とにかくじっと落ちついているのが苦手で、つい目についたものに興味を惹かれて動いてしまったり、大事な場面でもそわそわとして「心ここにあらず」のように周囲に見られてしまい、真剣さが足りないと批判されたりもします。衝動的に行動してしまうことも多いので、思いがけないことを突然始めたり、自分に関係ないことでも自分が対象になったかのように感じたりしてしまって、トラブルになることもあります。

3

「自分と同じ境遇の人を助けたい！」
発達障害児を支援するIT会社を設立

パソコンを売るだけでいいのだろうか

スーパー店長としてパソコンを売りまくって、次に何が待っていたか。それは恐ろしい数の「パソコンが使いこなせない人」の存在でした。

パソコンを買ったのはいいけれど、うまく使えない――。

こんなことがしたいのにできない――。

毎日のように店にはそんなお客さまからの電話がかかってきました。

パソコンがこの状態で固まって動かないというお客さまに、電話対応だけでサポートをしたりしているうちに、相手のパソコン画面を見なくても何がどうなっているのか分かるようになったぐらいです。

ただ、そこでこんなことも思い始めました。

自分たちはパソコンの存在にワクワクして、いろいろなことが良くなる・楽しくなると思っていたけれども、実際にはそうなっていない。

現実は夢とかけ離れた状態の人が多いんじゃないか。本当はすごく便利なものなのに、それがそうなっていない。誰もがもっと使いこなせる環境をつくることのほうが、パソコンをただ売るよりも大事なんじゃないか。

当時、僕と藤江はパソコンショップで、夜な夜なそんなことを話していました。

そしていつしか、パソコンを使いこなせない人々が、発達障害の特性で苦しんでいた頃の自分と同じなのではないか？と思うようになっていったのです。

すでに述べたように、僕は普通の人はできるような簡単なことができずに、長い間苦しんでいました。

コミュニケーションを取ることが苦手、集中できないから勉強も苦手、ただノートを取るということさえも苦手でした。

「パソコンのことが分からない」というのは、僕でいう「コミュニケーションを取るのが苦手」「勉強やノートを取るのが苦手」ということなのでは、と僕は思ったのです。

つまり、僕にとっての「パソコン」は、ほかの人にとっての「コミュニケーションや勉強」と同じくらい当たり前のもので、ほかの人にとっての「パソコン」は、僕にとっての「コミュニケーションや勉強」と同じくらい難解なものなのだと理解したのです。

この想いから、僕は子どもの頃の自分を振り返るようになりました。そして、過去の自分のように、「普通」のことができず苦労している人たちのために、自分に何かできないだろうかと考え始めました。

「生きづらさ」を知っていて、かつ「普通」のこと（＝パソコン）ができない相手のサポート経験もある自分になら、何か役に立つことができるはずだという想いが、僕のなかにはありました。

また、自身がパソコンによって発達障害ゆえの苦手を克服できた経験から、パソコンは発達障害を抱えるほかの人にとっても、手助けになるのではないかと考えました。

そして、とうとう僕は起業することを決意しました。

とはいえ起業資金なんてありません。貯金もほとんどゼロ。いきなり銀行から1000万円の借金をしてのスタートです。

普通であれば、これまで何も実績もない人間に銀行はお金を貸しません。

それを可能にしてくれたのは父親でした。経営者である父親が保証人になってくれたことで、厳しい顔をしていた銀行がなんとか創業資金の融資をしてくれたのです。

当時の銀行支店長からは「起業はそんなに甘いものじゃない。ほとんどが起業して3年以内につぶれて消えていくんだよ」と言われました。

それでも、どうしても自分たちでやってみたかったのです。

これも今から思えばですが、無意識に父親のあとを追っていたのかもしれません。何もないところから小さな会社をつくって、そこから大きな会社になっていくプロセスを、自分でも追体験してみたかった。そんな新しいワクワク感がありました。

そして当時は心のどこかで「親なんだから保証人になってくれて当たり前」という気持ちもあったかもしれないのですが、今から思えば、こんな息子に何も厳しいことを言わずに起業の保証人になってくれたことには感謝しかありません。

実は父親は一度、知り合いの経営者の連帯保証人になって痛い目にあっているのです。

それでも背中を押してくれたことに、文字どおり父親という存在の大きさを感じずにはいられません。

10坪の窓もないオフィスからのスタート

創業メンバーは僕と藤江、先に店を辞めて天才プログラマーとして活動していた佐野、そして経理担当のパートとして入社した八木の4人でした。

三河安城の窓もない10坪の小さなオフィスで僕たちの会社が誕生しました。

よく考えると、とても不思議なことです。

僕はずっと一人ぼっちで、みんなから「変な奴」と悪口を言われる存在でした。そんな自分が仲間をもてるなんて、しかも仲間と起業できるなんて夢にも思ったことがない。

自分のことしか見ていない世界から抜け出して、何か自分が役に立てることを考え始めたら仲間に出会えて起業することができたわけです。

劣等感のなかにいて、人のなかにいることが嫌だった自分が、周りの人たちを「すごい」

と認めて尊敬する見方に変わったら、自分の特性を活かして得意なことに集中できて結果も出し、起業するようになった。

本当に人生は、自分でどんなふうに意味付けできるかで変わってくるのです。

2001年3月にネットアーツ創業。

パソコンショップ時代、僕が在庫管理やシフト管理、仕入れなど運営のこともやっていたので、経営を担当することになりました。藤江は法人営業。佐野は当時は珍しかった動的なホームページをつくれる技術をもっていたので開発担当。そして八木が経理という役割分担です。

最初に事業の柱にしたのは、WEBを使ったアプリケーション開発でした。

ただのホームページではなくホームページ上で在庫管理ができたり、自社のコンテンツ発信ができたりするというもの。その頃はまだそういったホームページを手掛けているところはほとんどなく、ホームページといえば業者に更新を依頼して、そのたびに費用を払うのが普通の時代です。

それが自社で、ホームページを起点にさまざまな業務ができるようになるのが新しかったのです。

僕一人では何もできませんが、それぞれの特性を活かした仲間とやることで、世の中の役に立つものをつくってそれを事業にできるわけです。


佐野は話し始めると、ほとんどの人は理解できない専門用語が飛び出し、世界でも通用するぐらいのプログラミングの腕の持ち主。キーボードを逆さにした状態でもブラインドタッチでプログラミングができるという謎の特技ももっていました。

藤江は話し上手で聞き上手。世話好きでみんなと仲良くできるタイプ。八木は真面目できっちり仕事ができて感情が豊か。

どのメンバーも僕にはないものをもっていて、本当に人に恵まれた事業のスタートでした。

なぜＩＴが困っている人の力になれるのか

そもそもコンピュータやＩＴと出会わなければ、僕はずっと劣等感の深い暗闇のなかにい続けて、世の中と関わることなんてできていなかったでしょう。

直筆ではまともに文字を書いて誰かに伝えることもできない僕が、文章や資料で人に何かを伝えられるのも、ブラインドタッチを覚えたことと、パソコンやＩＴのおかげで正しい漢字や文法を表示してもらえるからです。

どんな情報がどこにあるか整理できなくても、クラウドコンピューティングのおかげで、どこにいても必要な情報を探し出すことができます。

これは僕に限らず、発達障害とともに生きている人みんなに大きな力となるもの。

現状では、まだまだ一人ひとりがその恩恵を感じられるところまで届いていないのですが、そうした問題解決がしたいという想いは、ネットアーツを起業した当時も今もずっと変わっていません。

ほかの人に比べて自分はこれができない。ほかの人は簡単にやっているように見えることが自分は時間がかかり、それなのに間違いが多い。

仕事をするうえで、発達障害の特性がもたらすそうした体験が重なっていくと、劣等感がどんどん大きくなっていきます。なんでもないように見える作業でも、なかなか取りかかれず後回しになり、そのことでさらに仕事がうまくいかなくなる。

こうした悩みは周囲には「本人の努力が足りない」「怠けているだけ」「やる気のなさ」と映って、さらに自分の居場所がなくなるという悪循環に陥ってしまうわけです。

これらの問題そのものは、生まれつきの発達障害による特性からくるものなので「直す」ということができません。

だからこそコンピュータやＩＴが発達障害児の可能性を引き出す力になれるのです。僕は直感的にコンピュータやＩＴの力が、自分を助けてくれると感じたのですが実際にそのとおりでした。

子どもの頃から文字を正しく書き取ることさえ苦手、計算や物事を順序立てて進めることも、情報を管理することもできない僕がなぜこうやって経営者をできているかといえば、ベースの部分でＩＴの恩恵を受けているからです。

もちろん、いちばん大きいのは周囲のいろいろな人に補ってもらっていること、お互いの特性を活かし合って分かち合っていることですが、それさえも自分がＩＴの力で最低限のことができているからこそ可能になるわけです。

2年目のまさかの危機とブラック企業化

順調に会社が立ち上がり、4人のメンバーで息をするように仕事をする毎日。4人ともにハードワーカーで本当に毎日遅くまで仕事をしていたのです。

そんなある日。

開発トップの佐野が急に音信不通に。双極性障害を発症して姿を消してしまったのです。佐野がいなくなってしまうと、お客さま向けの仕事がすべてストップしてしまいます。藤江にお客さまへの対応をしてもらい私と八木でやらなければならないことを全部洗いざらい調べ、新しく入った社員やアルバイトの力も借りながら連日朝まで徹夜しながらなんとか納品するような事態でした。

このときの経験は、逆にみんなの結束を強くすることができたのですが、同時に負の側面も生み出しました。

何がなんでもやるのは、いい部分でもある反面、それをみんなにも強制するとブラック企業化してしまうわけです。

実際、ＷＥＢアプリケーション開発や自社でコンテンツ発信できるＣＭＳ（コンテンツマネジメントシステム）は、僕たちが創業した当初はほかにライバルも少なく、たくさんの仕事を受注することができ業績も順調に伸びていたのです。

そのために深夜残業は当たり前。

成果主義を打ち出し、ここまで達成できればこれだけ報酬があるというようにグラフで視覚化するのを悪いほうに使ってしまっていました。

僕自身が、パソコンショップで店舗運営はしていたとはいえ、会社の経営がどういうものかをよく分かっていなかったのです。

社内の雰囲気も最悪で、離職率は80％。これではだめだとなって、そこから企業経営の勉強をするようになり、なんとか会社を良くしていこうという試行錯誤が始まりました。

逆境を耐えてリ・ブランド

僕はずっと自分の世界で苦しい思いをしてきましたが、会社全体が苦しいのは次元が違う。自分一人が我慢すればいいというものではないからです。

みんなが苦しい思いをしている。この状態は絶対にだめでした。社内は分裂し、みんなで会社をいい状態にしていくための研修受講を企画しても、社員からは「会社は変な研修を受けさせて俺たちに言うことを聞かせるようにしようとしている」と反発される始末。誕生日会をやろうとしたら、「そんなの仕事に関係ないですよね」「誕生日って個人情報じゃないですか」とこれも反発。

それでもパートから社員になり、常務にもなってもらった八木が率先してみんなに朝のあいさつをしたり、オフィスや周辺の掃除をしたりして、みんなのために一生懸命な姿が少しずつ社員の気持ちを変えていきました。

そして僕たちだけでなく、社員みんなで経営の勉強をして「そもそもネットアーツという会社が大事にしたいものはなんだろう？」という原点に向き合うところから始めることにしたのです。

この逆境も、僕一人の力ではとても耐えられなかった。みんなのおかげです。

僕はカリスマ経営者でもなんでもないので、いろいろな情報をグルグルと頭のなかで巡らせ、方向性を決めていくことしかできません。実際に事業を進めていくには、みんなの力が必要です。

僕がそうだからなのか、ネットアーツにはいろいろな特性、個性をもった人間が集まっていて、言われたことだけをやりますという人は少ないのです。だからこそ、みんなそれぞれが「自分には何ができるか」を考えてくれた。その結果、今のように新しいことを生み出せる企業に脱皮することができたわけです。


事業環境として、厳しいのは分かっていました。ITの世界では、その時点でどれだけ目新しく優位性があっても、進化のスピードが速いのであっという間に陳腐化してしまう。だからこそ、誰でもつくろうと思えばつくれるシステムではなく、専門に特化したものをつくっていかないと生きていけない。

大きな方向性をそのように決めました。そのうえで、自分たちが本当に大事にしたいものは何かというのも見つめ直しました。

自分たちのシステム開発の基本は「人」だということ。

お客さまが困っていることをITの力で困らない状態にする。それだけでなく、もっと良い状態をつくり出す。そのために人との「対話」を大事にするというのがネットアーツの原点。

そこに立ち戻り、ブランドロゴのなかにも「人」の文字をデザインし直しました。

対話から始まる、無限の可能性。

ＩＴをもっと楽しく、もっと身近な存在に。

そんなタグラインも新たにつくって、再始動することになったのです。

Column

発達障害を取り巻く社会の現状と制度の限界

近年、発達障害への社会の理解は急速に高まってきています。

しかし、発達障害という言葉を聞いたことがあっても、実際に発達障害の症状や、どのように対応すべきかについて十分な知識をもっている人は、まだまだ少ないのが現状です。

そもそも、発達障害は長い間、日本では定義すら確立されておらず、支援の枠組みから置き去りにされていたという歴史がありました。

障害がある人のなかで支援が必要とされていたのは、身体障害や知的障害がある人のみだったのです。

「知的障害の有無にかかわらず、発達障害がある人への支援は必要だ」という認識は、2004年の「発達障害者支援法」成立後から徐々に広まりました。

この法律は、日本で初めて発達障害の定義を明文化した、当時では革新的な法律だったといえます。

２０１０年には、「障害者自立支援法」と「児童福祉法」においても、発達障害が知的障害や身体障害などと同じく「障害」に含まれることが明確化されました。

さらに、２０１６年には「発達障害者支援法」の一部が改正されました。発達障害が世間に広く知られるようになり、２００４年に定められた内容では不十分な部分が明らかになってきたためです。

この改正により、教育や就労をはじめとするあらゆる場面において、発達障害者への適切な支援を行うことや、差別などの社会的障壁をなくすといった内容が追加されました。

こうした発達障害者支援に関する法律の制定・改正などによって、発達障害者本人やその家族が身近なところで支援を受けられる体制が、徐々に整ってきています。

しかし、そうした支援体制が取られるのも就学期がメインのため、大人になって社会に出ることになった発達障害者が、さまざまな場面で生きづらさに直面し仕事に就けない、仕事が長続きしないといった課題は、いまだ残ったままです。

4

発達障害児支援施設向け
運営管理システムを開発。
業界トップシェアを達成

本気で人の役に立つために

ネットアーツが逆境に陥ったのは、いつの間にか事業拡大にとらわれ、大事なことを見失っていたことが原因でした。

大事なこととは何か。仲間とパソコンショップを辞めて起業したときの志に、ただパソコンを販売するだけでなく「困っている人のために役に立てることをしよう」というものがありました。

それは言い換えると「人」を大切にするということ。言葉にすると、当たり前のようなことなのですが、やはり大事なものでした。なにより、僕という人間自身が「人」で苦しんできた分、人の存在に助けられたわけです。

リ・ブランドで「人」の字をロゴマークの真ん中にもってきたのも、その想いからでした。

そんなタイミングで、ネットアーツに経営者の勉強仲間を通して、ある依頼があったのです。それは、放課後等デイサービスを展開している事業者のシステム開発を手伝ってくれないか、というもの。

放課後等デイサービスとは、2012年4月に「障害者自立支援法に基づく児童デイサービス」が児童福祉法に基づく障害児通所支援事業として、未就学児向けの「児童発達支援センター」と学齢期児童向けの「放課後等デイサービス」に分けられて開始されたものです。その趣旨は、学校の授業が終わってからの時間や休み期間などに生活能力の向上のために必要な訓練、社会との交流の促進を支援しつつ、障害のある子どもたちの居場所をつくるというものです。

従来の施設との違いは、単に障害のある子どもたちを集めて支援するだけでなく、地域社会と関わり合いももてるように、社会のなかでの「育ち」も支援していくというところです。

とはいえ、そうした仕組みや理念を最初はまったく知りませんでした。いわゆる高齢者向けのデイサービスのようなものかなと思っていたぐらいです。

僕は、自分の弟も精神障害を発症していて決してひとごとではありませんでした。障害福祉事業者向けのシステムはまったくゼロからでしたが、やるからにはちゃんとやろうと思ったのです。

そこで、僕たちのベースである「対話」を事業者と重ねながら、放課後等デイサービスを行っている施設にも1年ほど何度も足を運んで、ヒアリングや調査を続けました。

システム開発の流れとしては特に変わったことをするわけではなく、ヒアリングを重ね要件定義をして基本設計、詳細設計、コーディング、テスト、運用と進んでいくのですが、問題が出てきたのです。

つくっているシステムの役割が、いまひとつピンとこないのです。

事業者のスタッフが紙で書かれているものを入力してWEB上で必要な記録や書類がつくれるようになっても、そもそもスタッフにはパソコンが苦手な人も多く、その作業がかえって負担になってしまっているのです。

要望どおりのシステムをつくることはできるのですが、それで障害福祉の現場が楽になるか、利用者の子どもたちや保護者の方に本当に「良いもの」になるかどうか分からない。

正直なところ壁にぶち当たったのです。

自分でもやってみるしかない

そんな状況のときに障害福祉事業の事業者から声を掛けていただいて、施設の忘年会に参加させてもらいました。

そこで隣に座った施設のスタッフをされているおばあさんが、こんな話をしたのです。

「私の夢はね、今、ここに通ってる子どもたちが大きくなって結婚して子どもを連れて遊びに来てくれることなんですよ」

その話を聞いて、これは本気でこの人たちの役に立ちたいと思ったのです。そのためには自分たちでやるしかない、と。

忘年会があったのは２０１４年の12月。

そして年が明けて２０１５年の１月に新会社を立ち上げました。

それが現在、児童発達支援・放課後等デイサービス事業所を展開している「株式会社まなぶ」です。

障害福祉の事業に関わるのであれば、自分たちが実際にそうした施設運営をしないと「本当に困っていること」「本当に喜ばれること」は分からない。

自分たちで施設運営をして、自分たちが開発したシステムを使ってみることで「こんなことができるといい」「これなら使いやすい」が出てくると考えたわけです。

初めこそ、これからを生き残るために専門に特化したシステムをつくろうと決めたことが始まりですが、まさか障害福祉の世界に入っていくとは考えてもいなかった。それは社員たちも同じでした。

まだそのときは決して業績が良くなっているとは言い難い状態。それなのに社長が新しいことを始めて、しかも障害福祉の分野という、それまでまったく縁がなかった世界に入ろうとしているのですから、社員も動揺しました。

なかにはそんなことにはついていけないと辞める社員もいました。それでも僕はやるしかないと思ったのです。

そのとき僕を助けてくれたのは山北でした。２００７年にアルバイトとして入社し、ＷＥＢディレクターとして活躍していた彼が障害福祉の法令を勉強し、情報を整理するとともに、みんなを説得して開発に取り組んでくれたおかげで進めることができたのです。

1年かけて障害福祉の世界を調べるうちに、本当に障害のある子どもたちのためになっているとはいえないような仕組みもたくさんあることも分かりました。

言い方は良くないかもしれませんが、子どもたちのためというよりも、補助金も含めて「事業の収益」のためにやっている事業者も目につきます。補助金の不正受給事件も少なくありません。

保護者の人たちからしても、そうした事業者の評判を見聞きすると不安になる。だからこそ、本来あるべき姿を見ると安心できるはず。そのためのちゃんとした事業運営ができるシステムをつくりたいと強く思ったわけです。

そして、本当に子どもたち、保護者の人たち、そして施設スタッフのほうを向いてちゃんとしたシステムをつくって施設運営すれば、必ず評判の施設になるという確信と覚悟に近い気持ちももっていました。

2015年からシステムのプロトタイプを運用し、第1号の教室として立ち上げた施設で、実際に運用しながら改良を重ね、ついに2016年4月に「成長療育型サービス支援システムＨＵＧ（ハグ）」として正式にリリースしたのです。

徹底した対話から生まれたＨＵＧ

ＨＵＧの開発当時、障害福祉には民間事業者がどんどん参入してきていました。ただ、民間事業者の障害福祉事業を支援できるシステムやソフトは、ほとんどなかったのです。

介護事業の世界ではそうしたシステムやソフトはありましたが、そもそも介護と障害福祉では提供されるサービス内容や施設のスタッフがやることがまったく違います。

介護では、主に利用者の食事提供や身体の状態などのバイタルサインに関することなどをチェックするわけですが、障害福祉の現場ではそうした内容はあまり入ってきません。それに発達障害、知的障害などの障害の違いによって子どもたちに向けて行うことも違ってきます。

大人に向けたものと子どもに向けたものという点でも大きく違います。子どもたちに向けて行うものは、学習や運動、ソーシャルトレーニング、社会性を身につけるものであったり、どちらかといえば学校現場で行うものに近いわけです。

ただ、どのような内容でも、福祉事業を行うにあたって国に報告や申請をする基本的な仕組みは同じ。補助金で運営するために、サービス内容に点数を付けて申請を行います。ただし、国が行う事業のため書類の作成は非常に大変です。いろいろな情報を入力しなければならないため、不備があると減算になったり、本来なら加算されるものがされなかったりもするわけです。

実際、多くの障害福祉事業者の現場では、Ｅｘｃｅｌなどのシートでそうした報告や申請内容をまとめていたために、入力ミスが多発していました。

国民健康保険の医療費請求を審査する国民健康保険団体連合会が提供している無料ソフトもあるのですが、これは初心者にはハードルが高く、基本的には請求業務をするためのもので、子どもたちを支援するためのものではありませんでした。

そういった事業者の話を聞き、徹底して対話を重ねながら理解をしていったのですが、先にお話ししたように、いまひとつピンとこない。相手に言われたとおりのものをつくることはそれほど難しいものではないのですが、逆にいえば相手から言われていないことは分かりようがないわけです。

現場のスタッフの人たちもシステムのことは分からないのですから、現場で今やっていることをそのまま話すしかない。それでシステムをつくっても、紙上で行っていた作業をさらにパソコンでよく分からない画面に向かって行うことになるだけで、業務がかえって増えることになります。

そうではなく、ＨＵＧはシステムを利用する施設からいちばん近いところにあるシステムを目指しました。

とはいえ、もともとはＩＴのシステムを開発する会社であって障害福祉に明るいわけでもなんでもありません。

それが突然、障害福祉の施設運営も自分たちで手掛けて、障害福祉施設の運営を助けるシステムもつくろうとしたわけです。当然、ひたすら勉強するしかない。

そのため、今ではどんな障害福祉施設や制度、各地域の実情のこともネットアーツの僕たちのスタッフは詳しくなっています。

施設からシステムの相談ではなく、障害福祉の制度に関する相談をたくさん持ち掛けられるほどです。

逆にいえば、それぐらい障害福祉の世界は制度も複雑で変更も多く、さらには各地域の自治体によっても細かい運用が異なるのです。障害福祉の現場にとっては、いろいろな話を聞いて対応してくれる僕たちは頼りになるということなのかもしれません。

見えないところにある福祉の壁

僕たちは運営を始めた障害福祉施設を「ココトモ」と名付けました。

ココで良い関係や良い仲間が生まれ、明日をともに支え合いながら生きていけるようになろうという願いを込めたもの。その願いを「ココでトモだちになろう」というタグラインでも表しました。

しかし障害福祉の世界は、外から見るのと実際に自分たちがなかに入って始めてみるのではまったく違ったのです。

まず福祉の世界に、株式会社が入って事業を行うことに対して偏見がありました。結局、お金儲けがしたいんだろうという目で見られるわけです。

実際に、中傷まがいのメールも届きました。利用者募集のためのホームページを立ち上げ、その問い合わせフォームから初めて届いたメールの内容はショックでした。

地域の保護者の間でも「素人ばかりでやっている」「大声を出すスタッフがいるらしい」「目が行き届いてないから安心できない」といった事実とは異なるネガティブな噂が流れていました。

それでもまったく経験もノウハウもないところからのスタートだったので、すぐに何かうまくいく方法も見つかりません。

ネットアーツは業績の壁にぶつかり、新しく始めた「まなぶ」は未経験の壁にぶつかってかなり苦しい状態。しかもＨＵＧの開発も同時に進めている途中なので、まだお金も入ってきていない。

ここでもとにかく僕たちにできることは、一生懸命、利用者の子どもたちや保護者の方と向き合うことだけだったのです。

そのなかで実感した保護者の方の一番の悩み、心配事は「障害がある子どもたちの将来」のことでした。親の自分たちはいずれはいなくなってしまう。そうなったときに子どもを残していくのが本当に心配だというのです。死んでも死にきれない。そんな切実な声を目の当たりにしました。

障害福祉施設に求められるのは、単に子どもたちの預かり場所ではありません。自立と成長を支援してくれる場所であることが求められていたのです。

「自立」というのは、社会で暮らしていくために最低限必要なことを自分でできるようになること。例えば知的障害であれば身辺自立。自分でお風呂に入れたり、洗濯ができるようになったりというような日常的な動作も含んだものです。

ココトモに初めて届いたメール

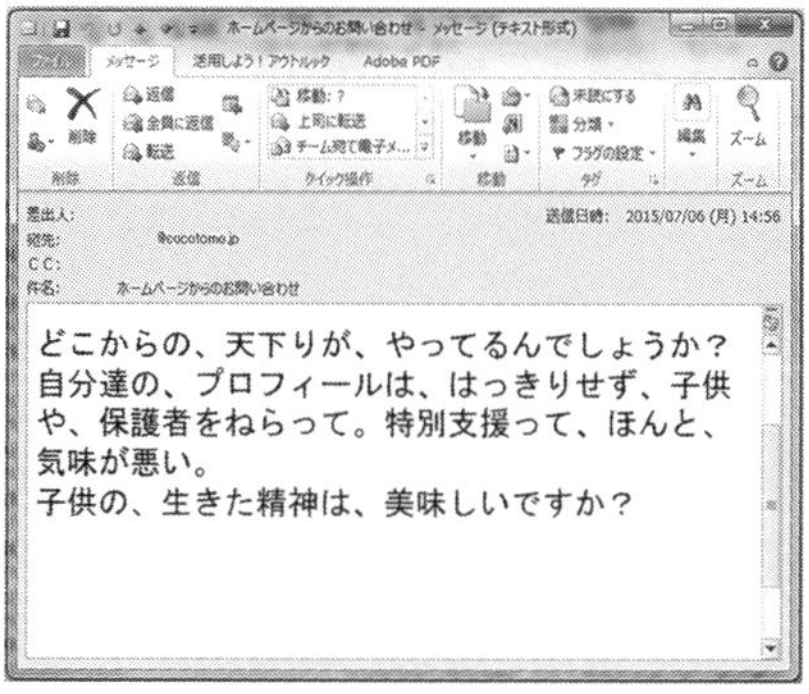
ホームページからのお問い合わせ - メッセージ (テキスト形式)
送信日時: 2015/07/06 (月) 14:56
件名: ホームページからのお問い合わせ
どこからの、天下りが、やってるんでしょうか？
自分達の、プロフィールは、はっきりせず、子供
や、保護者をねらって。特別支援って、ほんと、
気味が悪い。
子供の、生きた精神は、美味しいですか？

発達障害なら社会的自立です。交通ルールを学んで身につけたり、社会のなかで生きていくときに必要なマナーやコミュニケーション、集団での協同作業などが求められています。

先の見えないこと、答えがない問題に苦しんでいる人が本当に多いということをひしひしと感じました。

だからこそ、ただの預かり施設ではなく、多くの保護者の方の「子どもたちの将来への心配や悩み」を解決できる施設にしなければだめなのです。

障害者囲い込みビジネス

僕たちが障害福祉の事業を始めたときに問題になっていたのが、障害者囲い込みビジネスでした。

悪質な事業者は、発達障害の子どもたちを集め部屋で一日中テレビゲームをさせたりＤＶＤを観せたりしていたのです。そうすれば自分たちは手がかからず、補助金で楽して運営できるからです。

本来の施設の役割は、子どもたちの自立を支援して訓練し、将来的に世の中で自分の力を使いながら生きていけるようにすることです。それなのに一日中ゲームをさせたりアニメを観させたりしてどうなるのか。

大人になっても同じことをして生きていくわけにもいきません。子どものときに、ある程度行動パターンは決まってしまう。では、どうすればいいのか。そう考えて僕たちがつくっていったのが「遊びながら、自立に必要なことが身につく」プログラムです。

でもいくら大人になって必要なことだからと、嫌々させるようなものでは意味がない。遊びの要素を取り入れながら学べることを大事にしました。教育と娯楽を融合させたエデュテイメントプログラムです。

さらに大事にしたのが保護者の方との連携です。

これも障害福祉の現場に入って痛感したことですが、保護者の方々自身もいろいろな問題を抱えて苦しまれているケースがとても多いのです。

そうした保護者の方と連携して、サポートもできるようにすることも重要だと考えました。

　そのためには職員の知識や技術、モチベーションも相当高く保てるようにしないとできないのです。そのうえできちんと子どもたちと接する時間をつくる必要があります。

　放課後等デイサービス施設の運営では、事業者は各施設に必ず児童発達支援管理責任者を常勤で１人以上おくことが義務づけられているのですが、その責任者が本来の役割である子どもたちの情報を統括する仕事がなかなかできていないというのも課題でした。

　複雑で手間のかかる書類作成などの事務に時間を取られて、子どもたちと向き合えない現実があったのです。

支援の質を上げるココトモのプログラム

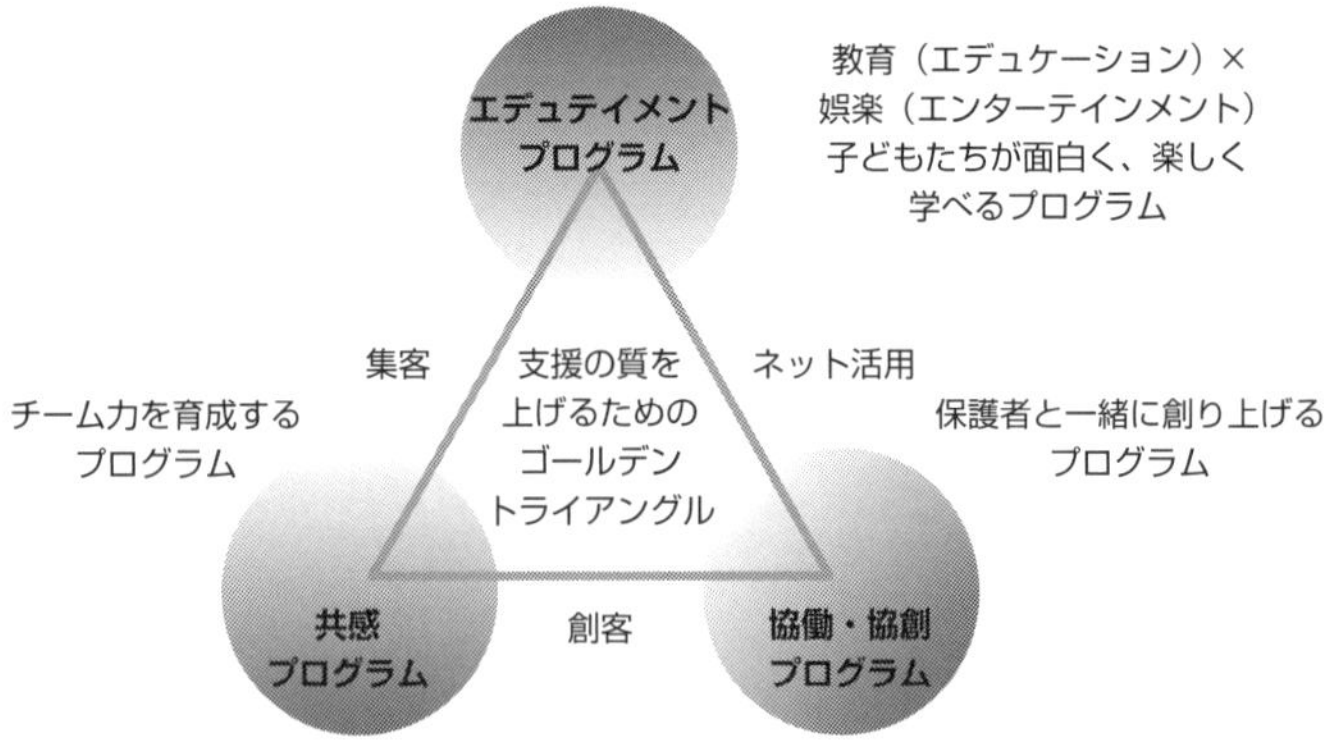

ＩＴの力で子どもたちの支援時間を増やす

児童発達支援管理責任者や職員が、子どもたちと向き合える時間を増やす。そのために、僕たちが施設運営と並行して開発していた成長療育型サービス支援システムＨＵＧが力になれることも分かってきました。

子どもたちと向き合っている施設であれば、保護者の方にも「ここはきちんとした支援をしてくれる」と評判になります。そうしたことが、自分たちで施設運営をしていることで目の当たりにできるわけです。

保護者の方に安心してもらい、信頼していただけるためには何が必要なのか。これをすることでどんなふうに支援がしやすくなるのか。保護者との連携で大事なものは何か。職員が子どもたちと向き合うには何が必要か。

それらの答えが「時間をつくること」でした。

子どもたちへの支援の時間を増やす。ＩＴの力で余計な事務作業を減らして効率化し、残業時間も少なくして健康に働ける職場環境をつくることで、子どもたちとゆとりをもって向き合える施設づくりができるのです。

そうすれば自ずと人気施設となり、運営も安定していきます。運営が安定すれば、利用者の方にもより質の高いサービスが継続的に提供できます。

成長療育型サービスを支援するＨＵＧでは、保護者との連携を重視して、クラウド経由で保護者の方が子どもたちの毎日の記録を確認共有できるマイページもつくりました。

こうした仕組みがない施設では、子どもを預かってもらっている保護者には、子どもたちが施設で日々「どんなことを、どんな目的で、どんなふうに行っているのか」が分からないままだったのです。

現実問題として、施設ではいろいろなことが起こります。子どもたち同士のちょっとした喧嘩もあります。そんなときに何か確認できるものがないと、保護者の方は施設への不信感が募るわけです。

HUG のマイページ

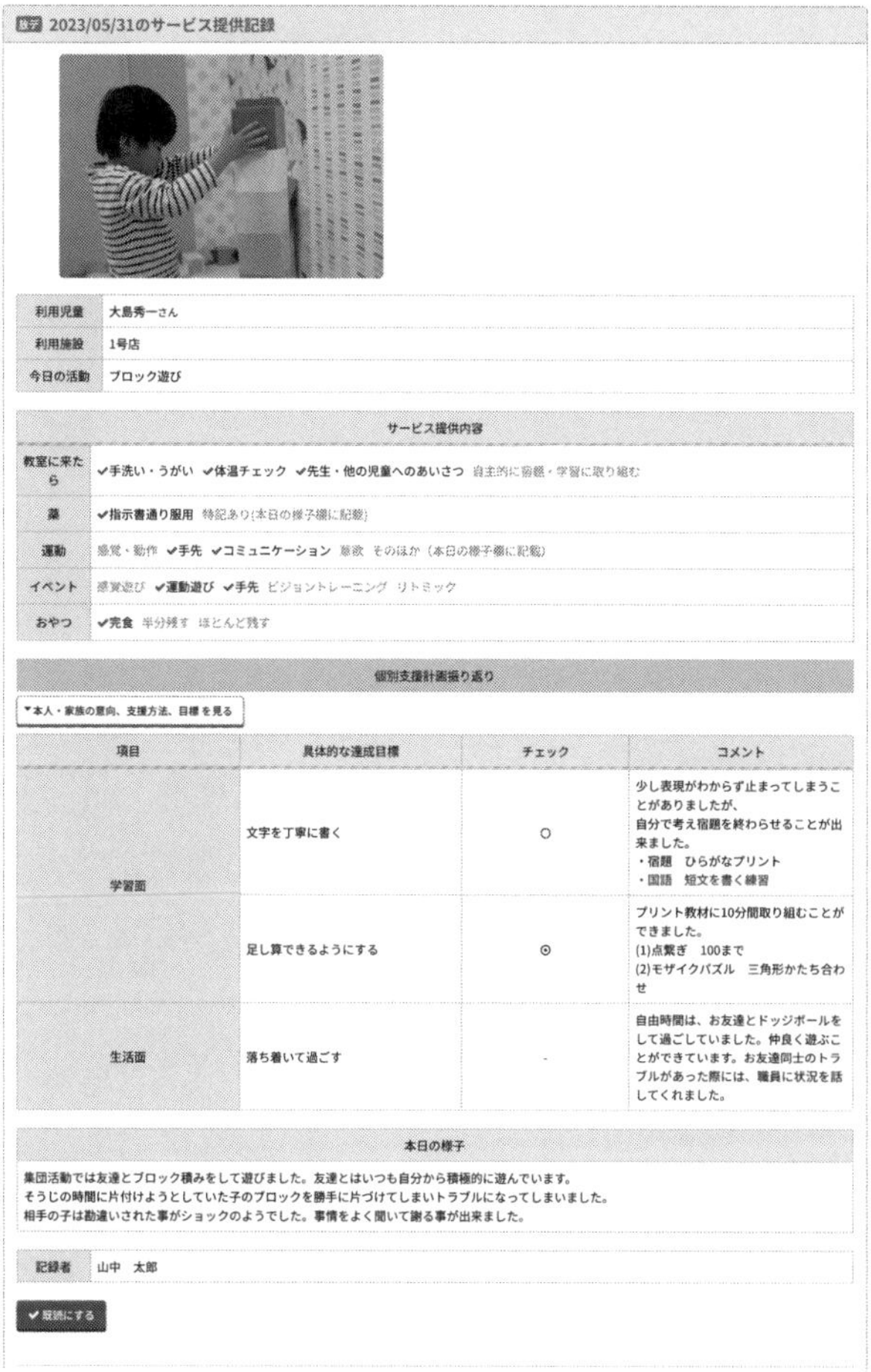

2023/05/31のサービス提供記録

利用児童	大島秀一さん
利用施設	1号店
今日の活動	ブロック遊び

サービス提供内容	
教室に来たら	✔手洗い・うがい ✔体温チェック ✔先生・他の児童へのあいさつ 自主的に宿題・学習に取り組む
薬	✔指示書通り服用 特記あり(本日の様子欄に記載)
運動	感覚・動作 ✔手先 ✔コミュニケーション 意欲 そのほか（本日の様子欄に記載）
イベント	感覚遊び ✔運動遊び ✔手先 ビジョントレーニング リトミック
おやつ	✔完食 半分残す ほとんど残す

個別支援計画振り返り

▼本人・家族の意向、支援方法、目標を見る

項目	具体的な達成目標	チェック	コメント
学習面	文字を丁寧に書く	○	少し表現がわからず止まってしまうことがありましたが、 自分で考え宿題を終わらせることが出来ました。 ・宿題　ひらがなプリント ・国語　短文を書く練習
	足し算できるようにする	◎	プリント教材に10分間取り組むことができました。 (1)点繋ぎ　100まで (2)モザイクパズル　三角形かたち合わせ
生活面	落ち着いて過ごす	-	自由時間は、お友達とドッジボールをして過ごしていました。仲良く遊ぶことができています。お友達同士のトラブルがあった際には、職員に状況を話してくれました。

本日の様子

集団活動では友達とブロック積みをして遊びました。友達とはいつも自分から積極的に遊んでいます。

そうじの時間に片付けようとしていた子のブロックを勝手に片づけてしまいトラブルになってしまいました。

相手の子は勘違いされた事がショックのようでした。事情をよく聞いて謝る事が出来ました。

記録者	山中　太郎

✔既読にする

パソコンやスマートフォンから、どんな活動が行われているか一日の様子や活動の記録を閲覧できる。個別支援計画のチェックにも対応した、施設と保護者をつなぐシステム。

HUGで個別支援計画にも対応

通常、放課後等デイサービスなどの障害福祉施設に入所する場合、「個別支援計画」を一人ひとりのお子さんに対して立てます。

保護者の方へのヒアリングなども行い、困りごとはどんなものがあるのか、それに対しての課題は何かを探り、本人や保護者の意向、短期、長期での目標などを設定するのです。ではは現場の職員がそうした計画をきちんと把握できているかというと、実際にはできていないことも少なくありません。

なぜそうなってしまうのか。

「個別支援計画」を紙で作成しても、作成してそのままになってしまっているからです。利用者の数が増えると、現場の職員が一人ひとりの子どもたちの個別支援計画について紙をめくって確認するということが現実的に難しくなります。

そのため職員の感覚頼りで、嵐のような毎日の支援や業務をしているというケースが多いのです。

そして半年に一度のチェック時にまとめて振り返りを行うものの、それではどうしても職員任せの支援になってしまいます。

すごくしっかりとした施設では、毎週きちんと振り返りを行っているのですが、やはり忙しくてとてもやれないところのほうが多いのです。

そうした問題がある現状でも、ＨＵＧを使った場合は、毎日一人ひとりの利用者の子どもに対して、どんな個別支援計画があるかをすぐに確認でき、前回のチェックでどれぐらい目標達成できているかも簡単に把握できます。

システムで共有されているので、誰が担当してもきちんと個別対応ができるのも特長。一般的なシステムでは、事業者にいちばんニーズの高い請求業務には対応しても、こうした個別支援計画に対応できるものは少ないのです。

本気で障害福祉施設のサービスを支援しようとすれば、誰がやってもきちんと利用者の子どもと向き合えるものにしなければならない。

客観的に一人ひとりをモニタリングでき、どんな成長をしてどこに課題があるかを、誰もが正しく把握できるというのは大前提だと考えています。

こうした実際の施設運営に即したシステムを追求し続けたＨＵＧは、全国47都道府県の４５６事業所（２０２３年5月30日現在）で利用され業界トップシェア。継続利用率99・９％と高い満足をいただけています。

ココトモの世界の広がり

僕たちが最初にオープンさせたのは「日常生活訓練型」の施設でした。

そして実は日常生活訓練型施設の開設段階で、すでに次の「運動療育型施設」のオープンも予定していました。

なぜかというと、子どもたちはそれぞれいろいろな障害を抱えているからです。特に狭い閉じた空間では対応できないことも、それまでのリサーチで分かっていました。

そこで2校目の運動療育型は、２３０㎡の広い施設として計画。サーキットトレーニングやさまざまな運動ができる空間をつくっています。

こうした考え方も、それまでの障害福祉事業者にはあまりなかったものです。多くの施設では基本的にスペースは最小限。なぜなら狭いほうが目が行き届いて管理しやすいという運営側の発想があるからです。

また建築基準法により、100㎡未満であれば用途変更の必要がないというのも影響しています（2019年に100㎡未満から200㎡未満へ改正）。そのため事務所スペースも入れてそれぐらいの広さの施設が一般的になっているわけです。

しかしどうしても子どもたちのためのスペースが狭いと、トラブルも起こりやすくなります。本来子どもたちは、体を動かしながら心身を成長させていくのです。

そのため、運動スペースも確保できる施設をつくりたいという考えは、当初から僕たちのなかにありました。

お話ししたように、最初はネガティブな目で見られていたココトモですが、実際の活動の様子が伝わっていくようになると一気に人気施設になりました。

実は障害福祉の世界は、一般的な広告の概念があまりありません。それよりも利用者の保護者の方の評判、口コミが大きく影響します。悪い話もすぐに伝わるのですが、逆に良い評判もすぐに伝わります。それだけ、きちんとした良い施設を探している保護者の方が多いのです。

これも自分たちで実際に施設を運営したからこそ実感したことですが、保護者の方々は本当によく見ています。ただ子どもを預かってもらいたいわけではなく、子どもたちの将来のことをどこまで考えて運営しているかを、見て感じ取られています。

だからこそ、ココトモのスタッフも真剣でした。「まなぶ」の社内で、何度もいろいろな勉強会を行い、保護者の方々とも一生懸命向き合っています。

ただ保護者の方の言葉を聞くというのではなく、その背景にある保護者の方々の心配事や悩みを汲み取ろうとしている。そこは人に対する想いがあるからです。

しかも決して障害福祉の経験者が最初から集まっていたわけではありません。そもそも放課後等デイサービスの仕組み自体が始まったばかりで、どこにも経験者がいない。

僕たちの施設も立ち上げ当初のスタッフの多くは、介護施設の経験者や保育士でした。障害福祉のことは分からない。だからこそ逆に勉強に力が入りました。ケース会議もみんなで考え学びながら行っていました。

会社名のとおり「まなぶ」ことをたくさんやってきたのです。その繰り返しが保護者の方々にも伝わっていったのだと思います。

障害のあるお子さんをもつ保護者の方々がされている活動のグループも多く、そうしたグループ内でもココトモを評価いただいたことで、どの施設も満員になりキャンセル待ちという状態が続くようになったのです。

なぜいろいろなタイプの施設をつくるのか

僕は障害の多様性ということをいつも考えています。

だからこそ同じタイプの施設をつくらないのです。ちょっとずつ違うコンセプトで施設づくりを考えます。

「学習療育型」の施設を開設したのもそうです。僕自身が、授業をちゃんと受けられないという発達障害がありました。先生の言っていること、黒板に書かれたことを理解するのにすごく時間がかかり、板書の写し間違いも多く、授業についていけない。

勉強が苦痛で仕方なく、先生も余裕がないので一人ひとりをとてもフォローしきれない。

保護者も自分の子どもだけがおいていかれていることに悩んでいる。こんなに成績が悪くて将来どうなるのか心配だけど、塾に通わせても同じことになってどうしていいか分からないという声がたくさんありました。

そこで子どもたちの学習も支援できる療育施設をつくろうと考えたのです。

ところが、この施設を立ち上げるにあたっては地元の相談支援所や行政など各方面からさまざまな声が飛んできました。

「これは学習塾であって障害福祉施設ではないんじゃないか」

「補助金を使って塾を運営するつもりなのか」

学習困難という発達障害の領域がどうしても理解されにくいのです。

とはいえ、自分の経験からも絶対に必要な施設でした。

いろいろな場面でお話をさせていただき、学習支援だけでなく他人の行動や考えを理解し、自分の感情や考えを伝えるといったソーシャルスキルトレーニング（社会生活技能訓練）も併せて行う施設として理解をいただいたのです。

こういった施設へのニーズはものすごくあり、開所してみると、すぐに人気施設になりました。

それなら人気のタイプの施設をたくさんつくればいいんじゃないか。経営者としてはそう考える人もいるかもしれないのですが、僕たちはあえてそれをやりません。

そもそも施設運営で収益を上げていこうという考えがないのです。障害福祉サービスをいろいろな人にとってもっといいものにするためのシステムを開発し、そこで収益を出せるようにというのが基本。

だからこそ、いろいろなタイプの施設を自分たちでつくって運営して、その施設ごとにそれぞれ異なる課題や喜ばれることを、一つひとつ丁寧に拾っていき、施設運営やシステムにも反映していくようにしています。

「社会生活訓練」をメインにした施設も立ち上げました。ここは高学年の子どもたちをイメージしました。小さな子どもから大きな子たちまで一緒だと、どうしても小さな子に合わせざるを得ない場面が出てきます。

けれども年齢が上の子たちには、自分が大人になったときに必要になる社会的な訓練や日常生活で必要な作業ができるようにしてあげたい。それなら最初から、そうした施設として設計してプログラムしたほうが保護者の方のニーズにも合います。

また、実際にタイプの異なる施設の設置を申請するのも、いろいろな人に理解をいただくという面で苦労することも分かりました。

何がOKで何がNGなのか。細かい部分まで自分たちでやってみないと分からないこともたくさんあります。

システムを使っていただいている事業者も当然、いろいろなタイプの施設運営をされているので、自分たちが同じように多様な施設運営をしていることで、施設運営の相談にもお応えできるというのも強みになるわけです。

ココトモもそうですが、新しいことをするときに、もし経験者ぞろいで経験値がすごく高ければ、きっとそれまでのやり方をやっていたと思います。

けれど、そうではなかったので自分たちで勉強し、結果的に「新しい」ものを生み出すことができました。

すべての子どもたちが、ともに学びともに育つ社会の実現を目指し、山内康彦先生が立ち上げられた「障がい児成長支援協会」でも学ばせていただいたことで、そこで謳われている新しい「成長療育型」の施設が実現できたのです。

ノウハウを無料公開する理由

ココトモが人気校になった今では、全国の事業者から施設見学を希望される声がたくさん届くようになりました。

そうした声にお応えして、僕たちは施設の無料見学会を実施し、これから障害福祉事業を始めようとされている方、すでに運営しているけれど、いろいろな課題があって困っている方に来ていただいています。

そこでは、僕たちのやり方、施設運営のノウハウを細かいところまで公開させていただいています。そこに驚かれることもあるのですが、僕の想いとしては障害福祉の世界が健全な発展をしてほしい。自分が発達障害で、弟の武人にも精神障害がある。そうした事実を踏まえて何ができるかを考えたとき、僕たちがココトモで蓄積してきたノウハウを多くの人に伝えることで、障害福祉の世界、ひいては世の中が良い方向に向かうと思っています。

僕たちはそんなに大きな存在ではありません。できることも限られています。僕たちよりすばらしい施設や人気の施設もたくさんあります。ですが、日本中の約2万7000ある施設（２０２１年時点で放課後等デイサービスは１万７３７２事業所、児童発達支援は１万１８３事業所。厚生労働省社会福祉施設等調査より）に、僕たちのやってきたこと、利用者の子どもたちや保護者の方と向き合うなかで経験した数々の失敗や一握りの成功の事例を知ってもらうことで、少しでも役に立つことができたら、本当の問題解決につながると思うのです。

そして、僕たちが情報公開することで全国からいろいろな施設の方が来られてお話をさせていただき、そこでさまざまな情報に接することができます。地域によってまったくやり方が異なっていることも少なくありません。抱えている問題もそれぞれ違うわけです。そうした話から、何がもっと必要なのかのフィードバックが得られ、システム開発にも活かすことができます。

そうして施設の運営が軌道に乗り始めた２０１８年に、僕は「まなぶ」の代表をネットアーツの社内改革の先頭に立ってくれてきた八木に交代しました。まなぶを一緒に立ち上げた八木は、責任感が人一倍強くて、とにかくよく学びます。なにより勉強嫌いな僕に経営を学ぶよう背中を押してくれ、一緒に学び続けてくれました。「まなぶ」というのは八木がつくった人事理念「仕事を通して学び成長する」から付けられた社名です。

障害福祉施設を運営するというのは簡単なことではなく、さまざまなトラブルや問題が発生します。社内の人材育成を行い、「子どもたちと未来を創る」ためには会社を守る役割が必要で、障害福祉事業を始めてから、何も分からない手探り状態のなかで問題が発生するたびに、八木は真正面から向き合ってくれました。その姿勢が新しく参入した僕たちの施設の評判をつくってくれたのです。

そんな頼れる同志がいてくれるから、僕は常に新しい絵を描いて動き続けることができていると思っています。僕はあくまでみんなのために開拓していく役割がしたいのです。

他者理解と自己理解の大切さ

障害の多様性の理解。

それは子どもたち一人ひとりと本当にちゃんと向き合うということでしかありません。どうすれば障害福祉施設として、いろいろな子どもたちを理解してあげられるのか。それにはＩＴの活用だけでは不十分です。他者理解を、職員教育においてもどのように施設運営のあり方、マニュアルなどに落とし込んでいけるかも大事になってきます。あくまで施設の主役は現場の職員たちであり子どもたち、保護者の方々です。その人たちのためにどれだけ深く考えられるか。それは僕の課題でもあると思っています。

長い間、僕は自分だけが特別に「変な奴」だと思い込んで生きてきました。けれども障害福祉の世界に入ると、僕と同じように、いや、僕なんかよりもずっといろいろなことに苦しんだり悩んだりして、生きづらさを抱えている人がたくさんいるのを目の当たりにしたのです。

自分だけが特別に「変」ではなかったのだと、ある種救われた気持ちになると同時に、こうした特性は決して悪いものではなく、自分にとってもその子にとっても「ただ、そういう部分もある」というだけのことだと考えられるようになりました。

とはいえ、障害を理解するのは簡単ではありません。僕たちの施設に通っている子たちも、みんなが自分の障害を理解しているわけではないのです。

どこでどんなふうに伝えるのがいいのか、あるいは伝えないほうがいいのか、これも正解はありません。

大きな視点で見れば、人はだれでも一人ひとり違っています。それぞれが、それぞれの個性をもっている。いろいろな人がいるのが当たり前で、みんな誰かと比べれば自分と違っているわけです。

障害は劣っているのではなく、違っているだけなのです。

ただ、現実問題として障害を感じながら生きていかないといけないときに、自分の障害や特性について、何が得意で何が不得意なのか、できることは何で、サポートがあったほうがいいのはどういうことなのかといった自己理解も必要になります。

障害の他者理解と自己理解。僕たちの施設運営では、このどちらも、とても大事だと考えています。

そして、そうした大事なことを職員が自分一人で抱えて解決するのではなく、ココトモに関わる人みんなで、もっといえば行政や病院、保護者、学校などの関係機関と一緒に「チーム」として力を合わせていくことを忘れないようにしています。

人への念《おも》いが創造の源になる

そもそも僕たちが起業してネットアーツを創業したのは、パソコンはたくさんの人に行き渡ったけれど、その分「使いこなせない人が増えている」現状をなんとかしたいという想いからでした。

それは今も同じで、どれだけいいシステムや施設をかたちだけつくっても、利用者の「幸せ」につながらなければ意味がないのです。

僕たちは決して器用ではない。1を聞いて10を知るようなスマートさはないかもしれません。だからこそ、それを補うために「人と人」の対話をすごく大切にするようにしています。そのおかげでシステム開発側、施設運営側だけの一方的な視点に陥らずにいられるのだと思っています。

自分たちがいいと思うものが、必ずしも利用者にとっていいものとは限らないのです。同じように自分たちに分かりやすいものが、相手にとって分かりやすいとも限らない。

提供されたシステムにお客さまが合わせるのではなく、システムのほうがお客さまに近寄っていく。利用者が施設に合わせるのではなく、施設のほうが利用者に近い存在でいられるように努力する。

すべては「人」への念いです。これを僕たちのスタッフは僕が言わずとも、みんな実行しているのが本当にすごいと思います。

不正受給を防ぐ仕組みで特許を取得

システムを提供して終わりではなく、ちゃんと使ってもらい、施設の運営にプラスになっていることが大事。僕たちはそんな念いでシステム開発をしています。

あまり知られていないのですが、放課後等デイサービスの制度は非常に複雑で、悪意がなくても制度の理解不足や認識の違い、自治体ごとに微妙に異なる対応などによって「結果的に不正な受給」が発生することも少なくありません。

書類作成の際に記入しなければいけない内容は多岐に及んでおり、算定要件を満たした勤務スケジュールと整合性のあるものを用意するのにも多大な労力が必要です。また、認識の違いにより返戻《へんれい》を求められることもあります。施設にとって適正な勤務予定表を作成する作業は、重要なことでありながら、相当な負担を要するものなのです。

そうした負担を減らし、間違いをなくすために、ＨＵＧでは申請のための計算や請求上のエラー、間違いはもちろん、本来加算できるがされていないものなどをシステム側から知らせ、正しい状態でなければ請求できない仕様にしています。

少しでも施設運営の役に立ちたいと、統括マネージャーの山北とシステム開発リーダーの牧野が先頭に立ち、みんなで力を合わせて取り組みました。結果として、２０２２年２月18日にはＨＵＧが「福祉施設の運営支援システム、運営支援方法および運営支援プログラム」として特許登録されました（特許第７０２７３９１号）。

そのためＨＵＧを使っている施設は、「きちんとした運営をしている」「利用者支援がしっかりしている」という評判にもつながって人気施設となり、新たな施設開設が増え、ＨＵＧの利用施設も増えるという善の循環につながっています。

ＨＵＧは、実際に施設の現場で起こっている課題や問題を克服するために生まれ、現在でもユーザーとの「対話」を通して、さらなる進化を遂げているシステムなのです。

Column

ネグレクトと発達障害

一般的にはあまり知られていませんが、ネグレクトが発達障害に関係しているケースもあります。

ネグレクトとは「子どもの身体面、医療面、情緒面、教育面で成長のために必要不可欠なものを与えない」状態のことです。

ネグレクトは、主に次のように分けられます。

①長時間子どもを一人で放置したり、成長に必要な食べ物や栄養を与えなかったりする「身体的ネグレクト」

②病気などの治療をさせず放置する「医療的ネグレクト」

③子どもに暴言を吐く、または寄り添うことをしない「情緒的ネグレクト」

④教育を受けさせない「教育的ネグレクト」

⑤度を超えて子どもに何かを強制したり従わせたりする「過干渉ネグレクト」

こうしたネグレクトは、貧困や一人親など物理的な問題とともに行われるケースが多いのですが、家庭環境において物理的な問題がなくても行われてしまうこともあります。

発達障害の子どもが、こうしたネグレクトを受けてしまうと、もともとの特性がさらに強く表れるようになったり、妄想や幻覚などの二次障害を発症したりすることも増えてしまいます。

ネグレクトが起こるケースでは、子どもにそうした行為をする親自身にも発達障害などの障害がある場合が少なくありません。

また夫や妻のどちらかが発達障害で、そのために片方の親がさまざまな負担を感じて子どもにネグレクトを行ってしまうこともあります。

発達障害の子どもを抱えた親は、どうしても子育てに負担を感じますが、周囲に相談したり分かち合えたりする人がいないことも多く、子どもも社会的関係性が乏しいため親への依存傾向が強まり、ある種の共依存のような状態になって、より状況が悪化することもあるため、親への支援も重要になってくるのです。

5

農業×福祉×ITという
新たなフィールドへ。
6次産業で障害者が
活躍できる場をつくる

子どもたちの「将来」をどうつくるか

ココトモを立ち上げ、子どもたちを預かるようになったことで、僕たちには次の大きな現実的課題が見えてきました。それは「子どもたちの将来」です。

現状の制度では、放課後等デイサービスも高校生までで、その先は支援の輪が途切れてしまいます。

前にもお話ししたように、保護者の方の一番の心配事は「障害がある子どもの将来」です。さらにＨＵＧのお客さまでもある全国の放課後等デイサービス事業者や、そこで働いているスタッフの声も届いてきました。

そうしたなかで、障害のある子どもたちの将来的な自立支援が強く求められているのをひしひしと感じたのです。

そもそも、僕たちがココトモを立ち上げた際に描いたビジョンは、「子どもたちの居場所をつくろう。そして子どもたちを中心に大人たちが力を合わせ、支え合える社会をつくろう」でした。

僕たちが用意した場所だけではなく、子どもたちと一緒になって、さらには地域の大人とも一緒に分け隔てなく支え合い、ともに育っていくような場所。

障害のある人が、心から「ここにいたい」と思えるような居場所。

そんな場所を、社会や地域のなかにつくりたい。

言葉にすると、とても「理想度」が高いのですが、子どもたちの将来をつくるために、僕たちに何かできることはないかを頭のなかでずっと考え続けていたわけです。それこそ僕の特性です。

そもそも、雇用施策対象となる障害者のなかで一般企業に就職できている人は多くありません。

一般企業は、障害者雇用率制度によって一定の割合で障害者を雇うことが義務づけられています。２０２３年現在の法定雇用率は2・３％ですが、よく耳にするのは「障害者に適した仕事がない」という声です。

障害者を雇いなさいと言われても、雇用の場を用意することが難しいというのが、一般企業の現実なのです。

一方、一般企業で働くのが困難な障害者は、就労支援施設で働くこともあります。就労支援施設は、障害者の働く場を確保しながら、自立や社会参加に向けた職業訓練や職場体験、就労支援などを行っています。障害のある人が長期的に自分に合った働き方を見つけるためのサポートをするための施設です。

しかし、こうした就労支援施設でも、さまざまな課題があります。

例えば就労継続支援B型事業所では、支援施設で行う作業に応じた工賃が支払われます。支援施設は、契約を結んだ事業者から受け取った受託料から働いている人への工賃を支払いますが、一般的に市場価格よりも低い金額で契約が結ばれることが多いため、一般企業で支払われる最低賃金に比べて工賃はかなり低くなります。

この工賃をどうやって上げていけるか、さらに今より大きな受け皿をつくり、障害のある人も経済的に自立できるような仕組みをつくることができないかと考えていたのです。

解決のヒントは農業にあった！

いろいろなアイデアを練っていたとき、僕は2019年3月に農林水産省で開催された「農福連携推進フォーラム」に参加します。

「農福」というのは農業と福祉です。障害のある人が、農業従事者の減少に悩む農業分野で活躍することで自信や生きがいを見つけ、社会参画を促すというものです。

農業と福祉のマッチング――その言葉を聞いた僕は「これだ！」と思い立ったのです。

もともと僕の妻の実家は、お米を生産する農家です。僕も田んぼや畑の作業を手伝うことがありますが、農村を見ていると、今はどこの田んぼや畑も担い手不足が深刻になっています。

若い農業従事者が少ないため、高齢化も進んでいます。実家の農業を継がずに一般企業で働く人が多いので、高齢の担い手が農業を辞めてしまえば、もうそれっきり。そのため、耕作放棄地も年々増え続けています。

農林水産省がまとめている「農林業センサス」によれば、全国の耕作放棄地面積は2015年時点で約42・3万ヘクタールで、富山県の面積とほぼ同じです。そのなかでは荒廃していく農地も増えています。

食糧自給の問題も高まっていますし、安全で安心な食を求める人も増えています。

高齢化や後継者不足、農業従事者の減少に悩む農家の人たち。農業の過疎化と高齢化は、これからも続いていくはずです。

そこに、障害のある人がもつ力を発揮できたら、雇用の場が確保できます。それだけでなく、工賃の引き上げにもつながるはずです。障害のある人自身の生きがいやリハビリにもつながっていくかもしれません。

農業と福祉が連携することによって、農業における課題と福祉における課題の双方が解決できるのです。

農福連携に取り組んで見えてきた課題

農福連携を知って僕が最初に取り組もうとしたのが、「農福連携型」放課後等デイサービスでした。西尾市のココトモでいろいろなタイプの施設を運営していましたので、まずは子どもたちの活動として農業を始めて、将来的に農福連携による居場所づくりにつなげようと考えたのです。

でも実際に取り組むといろんな課題が見えてきました。

障害福祉施設が農業を始めようとした場合、まずは農地を借りるところからスタートしますが、どこで借りればいいのか分かりません。なんとか知り合いの畑を借りられたものの、きちんと農業をやろうと思うとそれなりに人手や時間がかかります。障害福祉の現場はただでさえ支援で手一杯なのでそんなに余裕がありません。

農業専門のスタッフを別に用意できればいいのですが、農作物は相当の面積を耕作しないと人件費に見合う収益性を確保することが難しく、設備投資も必要になりますので、とても採算が合いません。

また取り組んで気づいたのですが、そもそも子どもを将来的に農業で働かせたいと考える保護者のニーズがほとんどありませんでした。子どもたちの活動として農業に取り組むことは喜ばれるのですが、職業としての農業を希望する方がいなかったのです。圧倒的に人気なのは一般企業への就労訓練を行う「就労準備型」放課後等デイサービスでした。

担い手が不足する農業と障害者雇用をつなげることの難しさに直面したのが、僕たちの最初の壁でした。

ココトモファームを立ち上げ農業に参入

障害福祉施設で農業をすることが困難でも、地域の農家と連携して農業に取り組むという方法もあります。

ただ僕の特性として、問題を発見するとどうしてもそちらに意識が向いてしまいます。農業の問題を解決できないともやもやしてしまうのです。

自分でやってみないと分からないと、今度は農業法人を立ち上げることを決めました。

幸い妻の実家が犬山市で米農家をしていましたので、僕のことを誰よりも理解してくれている妻の「ゆみさん」と一緒に2019年9月ココトモファームを立ち上げました。いつも前向きで明るいゆみさんは、僕の突拍子もないアイデアを否定することなく受け止めて、なんとかかたちにしようと頑張ってくれる最高のパートナーです。またゆみさんには、やよいさんという知的障害がある妹がいたので、僕が農業と障害者雇用をつなげようとすることに強く共感してくれました。

夫婦で始める小さな会社としてのスタートでしたが、新しい冒険の始まりにとてもワクワクしました。

とはいえ、企業として農業に参入するためには、さまざまな法律上の規制もあります。まずは農地を取得できる「農地所有適格法人」として認められるために、基本要件を満たしたうえで行政からの厳格な審査を受けなければなりません。なかには、新規農業参入した人がうまくいかなくなって農地がそのまま放置される事例や、農業をやる名目で農地を取得したあとに転用して家を建てて利益を得るといった悪質な事例もありますから、事前に行政が事業内容を厳しく審査し、本当に農業を事業として行えるのかどうかを問うのです。

僕も、最初は書類に書かれている用語の意味すら分かりませんでした。それを一つひとつ理解しながら進めていきました。

行政の担当者から厳しいことを言われても落ち込まず、気持ちをパッと切り替えて、また夢中になってガーッと計画に入っていける僕の特性がプラスに働きました。

僕にしてみれば、いつも自分より周りの人のほうが優秀に見えるので、行政担当者から厳しい指摘を受けても腐ることなく「さすがだな」と素直に受け取れるのです。

そうやって諦めずにトライしていくうち、行政担当者の僕を見る目も変わってきたようです。最初の頃は「本当に実現できるの？」と何度も言われていたのですが、僕が真剣にやっていることが伝わったのと、犬山で農業をしていた義理の父が農業部門の中心となってくれたこともあり、担当の方も理解してくれました。

そして「それならば」と二人三脚で協力してもらえるようになりました。

「農福連携×6次産業」という新しい発想

農業に参入したものの、どんなかたちであれば「農福」の連携ができるのか、いろいろと模索するなかで、地域の資源に目をつけました。

犬山市は市の北を流れる木曽川一帯の名勝や東部に広がる緑豊かな里山がある、自然に恵まれた地域です。そして国宝「犬山城」と国宝茶室「如庵」がある歴史的文化遺産の街としても知られています。

犬山城の城下町は休日や観光シーズンには、歩けないほどのにぎわいがあります。つまり、観光需要があって、たくさんの人が集まります。

そこで、農業だけでは収益性が難しくても、農業でできた作物を使って製品をつくり、販売することにしたらどうかと考えました。生産から加工、販売まで一貫して取り組めば、それぞれの付加価値を上げることができます。

このように、地域の資源を活かして新たな付加価値を生み出す取り組みのことを「6次産業」といいます。6次産業とは、農業（1次産業）×工業（2次産業）×商業（3次産業）をかけ合わせたものです。

そこに僕たちのもつＩＴのノウハウを活用すれば、農業だけでなく、さらに大きなフィールドへ広げていくことができるのではないかと思ったのです。

もっといえば、そうすることによって働く人にもそれぞれの特性に合った働き方の選択肢を提供することができます。

例えば、田んぼや畑など自然のなかで体を動かす作業が好きな子もいれば、加工や組み立てなど、ものをつくるのが好きな子もいます。あるいは接客販売などが得意で、人と接するのが好きな子もいます。

それぞれが得意な分野や特性を活かせる仕事に就くことができれば、社会で自立しやすくなります。６次産業によって、雇用の多様性をつくることができるのです。

僕たちはよく「自立」といいますが、究極的には「経済的自立」ができなければ、ずっと社会保障の制度のなかでしか生きていけないようになってしまいます。それでは、真の自立とはいえません。さまざまな状況で制度が変わってしまった途端に生きていけなくなるのでは、意味がないのです。

だから今、障害福祉の世界で求められているのは「子どもたちの将来的な自立支援」、そして「社会保障制度に依存せずに自立して支え合える仕組み」です。

現状では、企業が障害者雇用率制度に基づいて障害者の雇用を行っていますが、実情は「法制度があるから仕方なく」といった面があるのは拭えません。

それが肝心の障害者の働きがいや真の自立につながっているかというと、正直なところ疑問です。

だからこそ、障害があってもなくても、その人自身の特性を活かしながら働いてもらいたいし、働くことでほかの誰かから感謝され、人の役に立つ実感を得てもらいたいと思います。障害がある人もない人も、働くことの幸せを実感してほしいのです。

障害がある人も、それを周りで支える人たちも、一人ひとりが多様性のなかの軸となって自分の存在を自

ビジョンを描くことで広がったプラン

農作物ビュッフェ　**観光牧場**　**バウムクーヘン**

安定した野菜の供給が難しい……

動物の世話にはノウハウが必要……

原料生産、加工までを自社で一貫して行える

分でも肯定できるようになる。自分自身が育てたり、つくったり、売ったりしたものを「おいしい」「ありがとう」と人に喜んでもらうことで、仕事に誇りをもてるようになる。そのためのブランドを犬山市につくって、地域で育てていきたい。

そうした想いを実現させるため、ココトモファームのビジョンを「誰ひとり取り残さない居場所を創る」に決めました。

「農業×工業×商業」の6次産業に社会福祉や障害者福祉を組み込んで、いろいろな人が一緒に生活していける仕組みをつくり、地域創生を目指す。徐々に、僕たちの目指すものが見えてきました。

障害のある人の就労と自立の支援、地域の農産物を使った地産地消、農村を支える地域への貢献、これらがすべて農業をベースにつながって育っていくイメージです。

就労支援のための活動開始

ココトモファームの創業に合わせて、就労移行支援事業所を立ち上げ、障害のある人の就労を支援するための活動を開始しました。

就労移行支援事業所であるココトモカレッジには、僕自身の経験で感じた障害への想いが背景にあります。

それは、生まれもった特性が生きづらさにつながってしまうと「障害」になり、その反対に特性を活かすことができれば「特技」になるということです。

そこで「特性を特技に変える」というコンセプトをつくり、ＩＴ訓練や農業実習、コミュニケーションやビジネススキルの向上を行いました。

この就労移行支援事業はまだしも、農業参入の際は急に「農業をやる」なんて言われて、当時のネットアーツ社内ではびっくりした人もいました。

ただ、障害福祉事業に参入した「まなぶ」創業の経緯もあり、社内でもある程度の免疫はできていたようです。

新しい6次産業をゼロからやることに対して、それほど反対の声が出なかったのは、障害福祉施設で実績をつくってきたからだと思います。

実際、この時期にはすでに社内にも、障害者福祉への共感と使命感をもって働いている人が増えてきていましたから、この事業が障害のある子どもの将来に役立つことを多くの人に理解してもらえたのです。

特に、高齢化が進む農業の世界に若い人たちが働ける機会をつくることには、社内外のたくさんの方から歓迎の声をもらいました。

2万6000坪の田んぼ

ココトモファームの田んぼは、自然豊かな犬山市の今井地区と橋爪地区にあります。大きさは約8・6ヘクタール（2万6000坪）、東京ドーム約1・8個分もの広さです。なぜ、最初からこれほどの規模の田んぼでお米の栽培ができるようになったのかと、疑問に思われる方もいるかもしれません。

しかもこの土地は、昔は犬山城主の献上米をつくっていたほど良質のお米が採れる、非常にいい環境です。通常なら、この環境でこれだけまとまった農地を借り受けたりすることは難しいでしょう。

そこには、いろいろな偶然がありました。ちょうどこの地区で、長年にわたり大規模に

上空からのココトモファーム

お米の栽培をしていた農家が農業を辞めることになったのです。栽培面積にすると、約11ヘクタール（3万3000坪）。
突然、これだけの田んぼが使われなくなってしまうのは、地区にとって大問題でした。当初は地区の農家で分担する案もあったのですが、みんな兼業で農業を行っていたり、農業に従事する方が高齢だったりしたため、引き受けられない農地が出てきました。
「では、どうするか？」となったのですが、たまたまこの地区はココトモファームで障害福祉施設を建築する予定の場所でもありました。僕たちにはこの近辺で農地を拡大したいという計画もあったため、当時二人三脚でプロジェクトを進めていただいていた犬山市役所の農業担当者から地域の農業委員や関係者へ相談していただき、また障害福祉施設に関係する方の積極的な協力もあり、ありがたいことに地域の方も部外者である僕たちを快く迎え入れてくれたのです。

今井地区でこれだけの農地を利用することができるようになったのは、僕たちにとっても非常にありがたい話で、関係者の皆さんをまるで救世主のように感じたものでした。

本来なら、もっと小さな規模から始め、何年もかけて実績を積んで大きな面積で栽培をしていくはずでしたが、一気に大規模な農業経営ができることになったのです。これは、収益を安定させるうえでも、農福連携を進めていくうえでも、とても助かりました。

犬山市役所の人たちも、地区の住民の皆さんに向けた説明会の準備をしてくださり、3日間にわたって計100人にもなる地権者の方々にココトモファームの事業説明をさせていただきました。

ある地域に外部から入る場合、その地域の人たちに事業の理念や目的、内容などを理解して受け入れていただくことは、とても大事なことです。

また、受け入れられるためには、その地域の人たちが困っていることや課題をしっかり理解して積極的にその解決に取り組み、地域に貢献することがとても重要だと思います。

田んぼで採れたお米を使って、地産地消のための施設をつくり、障害福祉とも連携した「農福連携×6次産業」をやっていくという僕たちの構想に対しては、地区の人たちからも「それはとてもいいことだ」と温かい声をいただくことができました。

本当に、この地区の人たちは気持ちのいい人が多いのです。まさに古き良き日本の助け合いの精神が残っています。

右も左も分からない僕たちにとって、いろいろな面で応援していただける環境だったことには、今もとても感謝しています。

どこにもない「農福連携×6次産業でつくる生米粉のバウムクーヘン」

こうして、田んぼでお米を栽培するという大きな軸が決まりました。

しかし次の段階である、収穫したお米をどのように加工して販売するのかということについては、いろいろ考えを巡らせました。

最初の頃は、農産物のビュッフェをやろうと考えていました。障害福祉とビュッフェは相性がいいからです。接客をしなくても、お客さまが自分で料理を取って食べることができるので、スタッフの負担が少ないというメリットがあります。

でも、ビュッフェの場合、鮮度のいい採れた野菜を安定して栽培するのが大変で、採算も厳しくなります。

焼きおにぎりというプランもありました。あるとき、埼玉県の川越市に焼きおにぎりで有名な店があると聞き、視察に行ったのですが、そこで僕は運命的な出会いをします。

お店に行く途中で、偶然「6次産業化フォー

ココトモバウム

ラム」という展示会が開かれていたので立ち寄ってみたところ、業務用オーブンを手掛けるメーカーがバウムクーヘンの紹介をしていたのです。

話を聞いてみると、「米粉からつくったバウムクーヘン」とのこと。お米でバウムクーヘンをつくれるなんて！　僕は本当に驚きました。なによりバウムクーヘンは、子どもからお年寄りまで老若男女問わず、みんなが食べることができます。

また、これは意外に知られていないのですが、米粉のバウムクーヘンは卵とお米が主な原材料になるので、タンパク質や炭水化物を摂取できて栄養価も高くなります。小麦粉を使わないグルテンフリーでもあるので、小麦アレルギーが心配な人も食べられます。おまけに、ゆみさんがもともとパティシエだったこともあり、スイーツは得意分野でした。僕はすぐに「米粉のバウムクーヘンでやってみよう！」と思い立ちました。

埼玉へ焼きおにぎりの視察に行ったはずなのに、帰ってきたらバウムクーヘンをつくることになっていたわけですが、まあ、僕の周りではよくあることです。

毎日のように思考がどんどん変化していくので、1カ月前につくって発表していた資料が、1カ月後にはガラッと変わっていたりもします。

でも、大きな軸の部分はブレていません。障害のある人の居場所をつくるために、「農福連携×6次産業」をするという軸です。この軸さえブレなければ、この軸を実現する方法はどんどんブラッシュアップしていけばいいと思っているのです。

田んぼで採れたお米を米粉にして、米粉100%のバウムクーヘンをつくる。そのアイデアをかたちにする日々が始まりました。

ゆみさんはパティシエの経験を活かして、米粉を使ったバウムクーヘンのレシピを開発しました。

僕たちが使う米粉は、乾燥させていない生の米粉です。

通常、お米には15%程度の水分が含まれており、これを乾燥させて米粉にすると、その過程でお米にダメージがかかり、どうしてもパサついた食感になってしまいます。

ですが、乾燥させていない生米粉なら柔らかいパウダー状になります。しかも僕たちは生産農家だからこそ、ひき立ての粉でふわふわのバウムクーヘンをつくれるのです。

また、生の米粉には2日ぐらいしか日持ちしないという問題点がありますが、だからこそ、お米の生産から収穫、米粉への加工を一貫して行うことができ、その場ですぐ製造できる僕たちの施設は、ほかの業者が真似することのできない強みになります。

仮に、自分たちでお米の生産をしておらず、ほかの農家から米粉を仕入れていたら、この柔らかさと風味は出せません。

お米は精米したてがいちばんおいしいからです。精米してから時間が経つにつれて、どんどん酸化が始まり、風味も落ちてしまいます。

母体が米農家であるココトモファームは、お米を新鮮な状態で保管できる低温貯蔵庫を使い、いつでも新鮮なお米を精米し、風味を保ったまま米粉にすることができるのです。

さらに、ココトモファームではできるだけ農薬を使わない栽培で、見た目は劣っても、味は最高ランクのお米を使っています（米粉にするので、見た目は関係ありません）。

内閣総理大臣官邸で岸田総理と対面

こうして、どこにもない「農福連携×6次産業でつくる生米粉100%グルテンフリーのバウムクーヘン」が出来上がりました。

お米そのままでは収益をそれほど高くすることはできませんが、生米粉のバウムクーヘンに加工することで、商品の付加価値を大きく上げることができたのです。

こうしてできた「ココトモバウム」は、ココトモファームの店舗やネット通販、さらに犬山市シルバー人材センターとコラボしたショップで、とても好評です。

コロナ禍で例年のような人出がない状況にもかかわらず、2020年12月のオープンでは1カ月で600万円もの売上になりました。

その後は、抹茶やチョコレートを使用したバウムクーヘンや、チーズインバウム、ケーキバ

岸田総理との写真

ウム和栗など、商品ラインナップをどんどん増やしています。

直営店舗も2023年5月現在では10店舗に増え、スタッフはパート・アルバイト含め153人にもなりました。

さらに、ココトモファームのバウムクーヘンは「2021年度　愛知のふるさと食品コンテスト農業水産局長賞　優秀賞」を受賞。

「ノウフク・アワード2022」ではフレッシュ賞を受賞。農福連携×6次産業により、障害のある人が販売にもたずさわりお客さまと交流することで、経済面だけでなく精神面の充実、やりがいの向上にもつながっていることが高く評価されたのです。

また地域の活性化や所得向上に取り組んでいる優良な事例として「ディスカバー農山漁村の宝　第9回」にも選定していただき、総理大臣官邸で開催された選定式では、岸田総理とお話しする機会を得ました。

それぞれの強みを活かして働く

ココトモファームは就労支援施設ではなく一般の企業ですが、お米の生産から加工品の製造、販売までを一貫して行うことで、障害がある人の雇用の場をつくり出しています。

そして障害がある人もその人の強みや得意なことが発揮できるような働き方や持ち場を考えています。

なぜなら、一口に障害といっても知的障害や身体障害、精神障害、発達障害など、さまざまですし、発達障害のなかでも、例えばＡＳＤ（自閉スペクトラム症）とＡＤＨＤ（注意欠如・多動性障害）では、まったく特性が異なります。さらに、人それぞれに得意なことや好きなことも当然違います。

だからココトモファームでは「この障害のある人には、この職種」と一律で決めることはせず、本人の希望を聞いて、しっかり対話しながら、実際に業務に取り組んでもらった結果を踏まえて配置を決めているのです。

例えば、ココトモファームでは、失声症の方も働いています。

ココトモファーム犬山城三之丸店で販売の仕事をしている赤坂さんという女性です。失声症は、ストレスなどの原因から声を出すことができなくなる障害です。赤坂さんはココトモファームに入社する12年前、当時の職場での人間関係に悩み、ストレスから声を出せなくなりました。

声を失った赤坂さんのコミュニケーション方法は筆談です。そのため、その後の就職活動では苦労して、運送会社の裏方の仕事など、選択肢はかなり限られていたそうです。

そんなとき、赤坂さんは通院先の病院で就労移行支援を行っているココトモカレッジのことを知り、利用してくれるようになりました。

赤坂さんがココトモファームで働くようになったきっかけは、ココトモカレッジによる職場体験での農業実習からでした。何にでも興味をもって、積極的にチャレンジをし、その後もココトモファームの職場体験があるたびに必ず参加してくれました。そして販売実習を経たのち、「ここで働きたい」と入社を希望してくれて、通勤に往復で4時間もかかるのにもかかわらず、正社員として働くようになりました。

赤坂さんのいいところは、前向きで頑張り屋さんのところです。店舗での販売やバウムクーヘン製造のヘルプ等、さまざまな場面で活躍してくれていますが、自身の障害をハンデではなく個性としてとらえ、たくさんの笑顔とジェスチャーでお客さまやスタッフに元気を与えてくれています。

赤坂さんはお客さまと話をするときも、スタッフと話をするときも、すべて筆談です。お店では常にメモ用紙を持って、お客さまに笑顔でメモをお見せしています。

「いらっしゃいませ」だけでなく、「今日は観光でお見えになったのですか?」とか「どちらからいらっしゃったのですか?」「桜がきれいですね」など、ニコニコの笑顔で積極的にコミュニケーションを取っています。

プラス志向で明るい性格に加え、細かいとこ

筆談で接客する赤坂さん

ろに目を配ることのできる赤坂さんは、筆談でお客さまとのやりとりも問題なく対応しています。それどころか、お客さまの側も赤坂さんの筆談を喜んでくれたり、陰ながら応援してくれたり、なかには記念にそのメモを持ち帰る方もいます。

また、赤坂さんは手話もできるので、聴覚障害の方の対応もしてくれています。声を出せなくても、お客さまに伝えたいという想いがあれば、ほかの方法を使って接客はできる。そのことを、赤坂さんは身をもって教えてくれています。

「ここが私の居場所」と言える場所に

犬山梅坪店で働く社員の菅原さんには、睡眠障害の一種、ナルコレプシーという障害があります。

日中に突然強い眠気が出現して、寝てはいけないような場面でも我慢できないほどの強い眠気に襲われたり、突然眠り込んでしまったりする障害です。

以前の職場では仕事中に眠ってしまったところをほかのスタッフに見られ、「販売員で居眠りなんてあり得ない」と解雇されたつらい過去もあったそうです。

その後、ココトモカレッジを利用するようになった菅原さんは、犬山市の桃太郎神社で開催された桃太郎マルシェでココトモファームの体験型ブースを手伝うことになり、菅原さんが考えた落ち葉スタンプのイベントが採用されたことがきっかけで入社してくれました。

菅原さんのいいところは穏やかで優しいところです。

菅原さんもお店で接客しています。ナルコレプシーはじっとしているときに眠くなってしまうことが多いため、立ちながらウトウトしてしまうこともあります。周囲のスタッフがそれを察知すると、さりげなく声を掛けるなどしながら、臨機応変に対応しています。休憩中に寝過ぎたときも、ほかのスタッフが起こしてくれています。

穏やかな菅原さんは周囲の優しさにいつも感謝をして、仕事をしてくれています。

ナルコレプシーには、障害が周りから理解されにくいという難しさがあります。でも、こうして周りの人が障害について理解していれば、「怠けている」とか「たるんでいる」など誤解されることもなく、周りがうまくケアしながら、本人にしっかり仕事をしてもらうことができるのです。

菅原さんも、そんなココトモファームが「大切な自分の居場所」と言いながら、いつも真摯な対応でお客さまと向き合ってくれています。

それから、お子さんに障害のあるシングルマザーの女性社員もいます。

製造の石倉さんは、中学生の長男に発達障害と軽度の知的障害があり、「この子が社会に出たらどうなるんだろう」と不安を感じていたそうです。

でも、ココトモファームで働く今は「ただただ楽しい。長男のことを理解してもらえ、急な休みなど困ったら相談もできるから安心して働ける」と言ってくれています。

石倉さんには「将来は長男も一緒に働きたい。ゆっくりでも長男の成長をそばで感じて、一緒に喜び合いたい。ここならできると思う」という夢があります。

そんなお話を聞くと、絶対にその夢を叶えたいと思いますし、働ける環境をつくっていかないといけないと思うのです。

僕の弟の武人もココトモファームでアルバイトとして働いてくれています。僕の実家をお店にしたココトモファーム西尾寺津店で毎朝8時から9時まで、お客さまのために趣味の手作りコーヒーを淹れて、玄関の掃除をしてくれています。

家族以外の人と接するのが難しいので、開店前には自分の部屋に戻ってしまうのですが、お客さまの反応が気になるようで、「今日のコーヒーはどうだったかな？」と聞かれます。喜ばれていたことを伝えると満足そうにし、次はどんな豆にしようかとあれこれ考えています。

働くことを通じて社会とつながり、人の役に立てるのは幸せなことです。

1日1時間だけの仕事ですが、家族としてはそれだけでもうれしいんです。また、できることなら自分の目の届く範囲にいてほしい、一緒に働きたいという気持ちがあります。これは、決してココトモファームだからできることではありません。どの会社でも、やろうと思えばできることだと思います。

多様な個性を支え合う職場の工夫

ただ、そのためには職場の理解や工夫も必要です。いちばん大事なことは、やはりその人の特性に合う業務に取り組んでもらうこと。ココトモファームでは、その人の特性に合った業務があると信じて、いろいろな職業を体験してもらいます。

例えばお店ではお客さまにバウムクーヘンの試食を出していますが、そのバウムクーヘンを切り分けてお客さまに提供するという作業を、知的障害がある人にお願いすることもあります。

バウムクーヘンの試食を切り続ける作業は、場合によっては退屈と感じたり、飽きてしまったりする人もいます。でも、知的障害のある人の強みは、繰り返しの作業が得意ということです。そのため、そうした作業を喜んでやってくれる人もいます。

また試食の場合、多少、大きさにばらつきがあっても大丈夫です。

試食をしてくれたお客さまの多くは、「おいしい」と喜んでくださるので、それを聞いて、まるで自分が褒められているように感じて、自己肯定感が上がるのかもしれません。

さらに頑張ってくれるようになり、ココトモファームの人気店の場合、多い日は1日に2000人から3000人もお客さまが来店されることがあるのですが、「またやりたい！」と言ってくれます。

試食をしたお客さまがそのあと商品を買ってくださることも多く、そうすると、やはり自分が売上に貢献できたと感じられ、大きな達成感を得られるようです。そしてますます積極的になって、なんでも自分から挑戦するようになるなど、大きく成長していきます。

大事なことは、その人の弱みを直そうとすることではなく、強みを伸ばしていくことです。

僕たちも気をつけているのですが、障害者の就労支援の場でその人の苦手なことを一生懸命訓練させてしまっている場合もあります。でも、数字の計算が苦手な人にいくら足し算の訓練をやってもらったところで、その人本来の強みを伸ばすことにはならないと思うのです。

人間というのは、どこかに欠けているところがあると、どうしてもその欠けている部分が目についてしまって、そこを直そうと考えてしまうのですが、欠けていない部分のほうにこそ可能性があったりします。たとえ数字や計算が苦手でも、人と話をすることが得意なら、その得意なことを伸ばしていったほうが可能性は広がるはずです。

それに、障害によって何かが足りなくなると、ほかの部分が強化されることがあります。

例えば、声を出せない赤坂さんは周りをよく見ていて、細かい点に気づいてすぐに対応してくれます。

時々眠くなることがある菅原さんは、そうでない時間の集中力がすばらしく、何事にも真剣に取り組んでくれています。

でも、人の弱い部分ばかり見ていると、そうした強みには気づけないままなのです。

「ありがとう」の声掛けで安心して働ける職場に

周りの人が障害のことを理解することも大切です。こういう障害があるから、こういう特性があると分かれば、周りの人の対応も変わってくるはずです。

相手がこちらの言うことを聞く気がないと感じると、イライラしてしまうかもしれませんが、障害のために人の話を聞いていないように見えているだけとか、指示の仕方によってはうまく伝らないことがあるということが分かれば、指示を出す側も伝え方を工夫するようになります。

障害があってもなくても同じだと思いますが、価値観の違いやミスコミュニケーションは、丁寧なコミュニケーションや、お互いの自己開示によって防ぐことができるのです。

また、職場で困っている人には声を掛けてきちんとコミュニケーションを取っていけば、大きな衝突や問題は起こりにくくなります。

現場のマネージャーや管理職の人がスタッフに気を配って声を掛けるだけでも、現場の雰囲気はずいぶん違ってきます。

その意味でもすごいと思うのが、ココトモファーム製造部の川口マネージャーです。障害のある人にも、ない人にも分け隔てなく、いつも「ありがとう」「助かるよ」と声を掛けているのです。

特に障害がある人はいつも一生懸命なので、「すごく助かってるよ」とか「ありがとう」と言われるだけでうれしくなり、またここで頑張ろうと思えます。

僕にもその経験がありますから、その一言がどれだけ心の支えになるかはよく分かります。

そして、そうした言葉は、周りの人にもいい影響を与えます。

反対に、人の悪いところばかりを見て「なんでこんなこともできないの？」と追及したり、きつく叱りつけたりしても、相手は萎縮してしまうだけです。そればかりか、周りの人にも悪い影響が出てしまいます。

できない人を責めても、何も解決しないのです。

もちろん、どんな職場にも課題や難しさはあります。あるからこそ、それを乗り越えようと努力してくれる現場の人たちが心掛けてくれるおかげで、さらに働きやすい職場になっていくのだと思います。

確かに、障害がある人の仕事がいつも速いかといえば、そんなことはありません。ゆっくりの人もいれば、うまくできない人もいます。

でも、それを責めるのではなく、頑張っている部分を見つけ出して褒めていくことが、結果的に現場の空気の良さにつながり、会社にとってもプラスになっていると思います。

それに、障害のある人も一度手順を覚えてしまえば、繰り返す能力が優れていて、すばらしい戦力になることもあります。

だから、「ありがとう」の声も自然に出るのです。本当にこっちのほうが助けてもらっているなと感じることはたくさんあります。やはり、一方が支えるだけでなく、お互いに支え合う関係性をつくっていくことが大切なのだと思います。

なかには、「障害がある人と一緒に働くなんて嫌だし、信じられない」と言われる方もいます。障害者雇用自体にネガティブなイメージをもたれている方もたくさんいます。

でも僕は、父親から「人生で大切なのは、人からどれだけのことをしてもらえるかではなく、人にどれだけのことをしてあげられるかだ」と教わりました。

人の価値観はそれぞれ違いますし、会社の価値観もそれぞれ違います。世の中にはすばらしい価値観をもった会社がたくさんあります。

大事なことは、自分の価値観に合った会社で働くことです。

たくさんある価値観のなかで、ココトモファームは「人からどれだけのことをしてもらえるかではなく、人にどれだけのことをしてあげられるか」という考え方に共感してくれる人が働く場でありたいと思っています。

ココトモファームのことが大好きで、まるで「推し活」のような気持ちで働いていると言ってくれるスタッフもいます。

秘書室の澤田さんは、母親から強い価値観を押し付けられるあまり、怒られないように自分の気持ちを押し殺す子ども時代を過ごしてきました。大人になり大手の結婚相談所で働くようになった際、正社員ではないことで入会ができない障害のある人がたくさんいることを知ります。そしてあるとき、入会していた20代の男性がうつ病を発症し、正社員ではなくなったことを理由に退会させられることになりました。

澤田さんは、良いところがたくさんあっても正社員ではないという理由だけで会員で居続けることすらできない状況が悲しかったといいます。そして、居場所をつくれなかった人たちが生きていける優しい世界がないだろうかと考えていたとき、この本の初版を読んだことを機にココトモファームに入社しました。

そして障害がある人もない人も分け隔てなく接しているスタッフの姿を見て、会社のファンになってくれました。

今では、自分が大好きな会社を応援したい、もっと広めていきたいという気持ちで、通常業務に加え、僕の講演会や見学ツアーにも熱意をもって取り組んでくれています。

そういう人たちがたくさん集まって、今のココトモファームを支えてくれているのです。

誰ひとり取り残さない居場所を創るために

ココトモファームがスタートしてしばらく経つと、ここで働きたいという障害のある人がたくさん応募してくれるようになりました。

ただ一般就労をすることが難しい場合も多く、採用枠もたくさんはありませんので、結果としてお断りすることが多くなってしまいました。その問題を解消し、誰ひとり取り残さない居場所を創るため、２０２３年に「ココトモワークス」という就労移行支援・就労継続支援B型事業所の多機能型施設を新しく立ち上げることにしました。

就労移行支援事業所のココトモカレッジをバージョンアップすることで、障害のある人が働ける場を提供するための就労施設をつくったのです。

これによって、一般企業のココトモファームと、就労移行支援施設（非雇用型の支援施設）のココトモワークスの二本立てになりました。

ココトモワークスでは、ココトモファームと連携することで農業からライスバーガーの製造、販売までさまざまな職種を選べます。

また、新しく始める果樹栽培や野菜栽培も手伝うなど、ココトモファームよりも農業寄りで障害がある人の就労機会を増やす予定です。

ココトモワークスは、犬山市の今井地区にある田んぼのすぐ近くに2階建ての施設として建設しますが、1階には子どもたちが通う放課後等デイサービス、2階には大人が通う就労移行支援・就労継続支援B型事業所、併設するかたちで障害のある人が働く場としてのココトモカフェ、周辺にはココトモの森キャンプ場などを建設し、この一帯に雇用の場を増やしていきます。

また、この一帯では有機農業に地域ぐるみで取り組む「オーガニックビレッジ」を目指していく計画もしています。今でも農薬はできる限り少量にしていますが、最終的には有機農業のお米でつくったバウムクーヘンを販売できるようにする計画です。まだスタートしたばかりで道のりは遠いのですが、一歩一歩進めていきたいと思います。

ワクワクが人を成長させる

僕は物事を数字にして計画に落とし込んでいくことが苦手です。こうしたプロジェクトを進めていくには必要なことなのですが、それができない。

その代わりに「絵」を描きます。といっても絵の具の絵ではなくパソコンでつくる資料のなかに写真を使って自分の描くビジョンをイメージとして落とし込んでいくわけです。数字で説明するのではなく、どんな世界をつくりたいのかの全体像が分かるものを最初につくって計画しているのです。そして資料をどんどん更新していきます。そのため、最初の構想から変化していくものも当然出てきます。

「絵」を描いて検討するなかでさまざまな可能性が見えてきます。さらに「絵」を多くの人たちに見てもらうことで、いろいろな反応が返ってきます。そのときにもらう意見も検討していくなかで、それならこんなこともできるといったように広がっていくわけです。

ありがたいことに、僕がワクワクしながら描いた「絵」に共感して仲間になってくれる人たちも「ワクワクする」「楽しい」といった感想を言ってくれます。ワクワクの輪が広がることで、大きな力になっていきます。

人は誰でもワクワクすることであれば頑張れると思います。ワクワクを具体的にイメージすることで、目指す姿が明確になります。ワクワクが人を成長させるのです。

そして大事なのは、そのワクワクがどれだけの人の役に立つか、社会のために役に立つかということです。

会社を経営していて、改めてそう思います。僕たちの会社も未熟だったときには、知らず知らずに売上や利益という数字だけを追い求めていました。別に意図してそうしたのではなく、それしか経営手法を知らなかったからです。

しかし、今は間違いだと分かります。売上や利益は追い求めるものではなく、本当に人の役に立ち、社会の役に立つことをしていたら、あとから自然についてくるものなのです。

僕は経営の勉強をするなかで二宮尊徳翁の次の言葉に出会い、感銘を受けました。

「道徳を忘れた経済は罪悪であり、経済を忘れた道徳は寝言である」（『二宮翁夜話』日本経営合理化協会出版局）

もし、僕の社長としての結果（経済）がついてこないのなら、それは僕が描いたビジョン（道徳）がただの自己満足になってしまっているからなのだと思っています。

ココトモファームプロジェクトで広がる支援の輪

ココトモファームには、全国の障害福祉施設や企業、自治体が興味をもってくださり、さまざまな地域からたくさんの方が視察に訪れています。視察に来た方からは「夢が広がった」「今後の展開が楽しみになった」などの声も届いています。

一方で、障害福祉施設が農業を始めたり、製造工場を立ち上げたり、商品ブランドをつくるのはハードルが高い場合が多く、多額の資金も必要になります。

僕たちは「誰ひとり取り残さない居場所」を全国に広げるため、障害のある人の将来や居場所創りを真剣に考える事業所と一緒にやっていきたいと考え、障害福祉施設と連携して、バウムクーヘン販売により居場所を創る仕組み、「ココトモファームプロジェクト」をスタートしました。

将来的にはバウムクーヘンの販売にとどまらず、それぞれの地域の農作物を使って地産地消や地域創生の仕組みをつくっていきたいと考えています。

ココトモファームプロジェクトに参加した就労継続支援B型事業所の実例紹介

登場してくださるのは、神戸市兵庫区にある就労継続支援B型事業所「陽気《ようき》の杜《もり》」の遊《ゆう》屋《や》健治《けんじ》社長です。遊屋社長は放課後等デイサービスを運営するなかで、働く場の必要性を強く感じて陽気の杜を立ち上げたとても情熱的で誠実な経営者です。陽気の杜のスタッフの皆さんもすばらしい人ばかりで、支援に対する考え方や取り組み方は、僕たちも勉強させていただいています。

ココトモファームの理念にも共感してくださり、ココトモファームプロジェクトでは1

号店として参加してくださいました。

【特別インタビュー】

就労継続支援B型事業所「陽気の杜」――代表取締役・遊屋健治氏（談）

Q　なぜ、ココトモファームプロジェクトに参加されたのですか？

私たちの「陽気の杜」は、一般企業への就職が困難な障害のある人に、働きたい想いと働く力を支え、一般雇用とは違うかたちで仕事を提供させていただいている神戸の就労継続支援B型事業所です。

２０２２年秋頃からココトモファームさんと連携して、バウムクーヘンの箱折り、箱詰め、ラベル貼り、サンプル作成、店頭販売を中心に取り組んでいます。店頭販売では、駅構内や商業施設での催事のほか、イベントやマルシェなど地域イベントにも出店して販売しています。

「陽気の杜」に通われている利用者さんは、障害特性もさまざまで、本当にいろいろな悩みや生きづらさを抱えられている方がいらっしゃいます。

そうした利用者さんが、その人らしさを活かして楽しく働ける職場にしたい、仕事での協同作業を通じて働く喜びや社会とつながり生きる喜びを感じてもらい、心身ともに健やかに生涯安心して暮らせるための居場所をつくりたいと考え、これまでずっと模索してきました。

ココトモファームさんの前には、お弁当屋さんや、企業から内職作業をいただいていたこともありますが、皆さんの笑顔につながる仕事の提供はなかなかできずにいました。目指したいビジョンは明確なのに、それを実現させるための仕事が見つからない状態だったんです。

お弁当屋さんの場合は、経営を成り立たせるだけでも大変なうえ、障害のある人に働いていただく環境としては、かなりのハードワークが求められ、利用者さんの誰もが働ける環境をつくることができず、私の求める多様性からはほど遠くなってしまうのが現状でした。

企業から委託される内職作業では、例えばマスク10束を1つの袋に入れてコンビニに並べるための商品づくりを行う作業などがありましたが、1つ1円未満の世界です。工賃1万円を利用者さんにお配りするだけでも気が遠くなるほどの大変な道のりになります。

こうした委託の際は、仕事を受注する企業と事業所をつなぐ仲介業者が間に入り、その業者に仲介料が発生するので、なかなか利用者には還元できないというのが現実です。

そんなとき、齋藤社長の取り組まれている事業と出会い、実際にお店も見させていただきました。いきいきと働いている人たちの笑顔を見て、「もう、これしかない！」と思ったんです。

そこで、すぐにココトモファームに参加させてください、とお伝えしました。

Q　実際にココトモファームプロジェクトと連携してみて、どうでしたか？

ココトモファームさんの場合は、みんなが自慢したくなる商品を取り扱っており、実際に食べていただいたお客さまにも必ず「おいしい」と喜んでいただけます。障害のある方も、お客さまが喜んでくださることで自己肯定感が高まって自信につながっていきますし、なにより利用者さんもお客さまも皆が笑顔になれます。

自分たちの仕事を通して、誰かに喜んでもらったり、自分が必要とされていると感じたり、人から「ありがとう」と言われたり。そういったことで働きがいや生きがいを感じ、ここが自分の居場所であると実感できると思います。また、ココトモファームさんの仕事をするようになってからは、楽しく作業ができ、働いていただく環境も整えることができたので、皆さん精神的にも落ちついて、日々成長される方も増えています。

実際、「ここが自分の居場所だ」と感じられる方が増えたのか、利用者さんの通所率も上がってきました。

また、最初のうちこそ接客ができずにシール貼りや箱作りだけをしていたけれど、接客販売を体験してみて、「自分も接客にチャレンジしてみたい」と自ら申し出ていただき、接客が上達された方もいます。成長意欲をもちながら、よりレベルの高い仕事を積極的に挑戦しようとする方も増えてきました。

利用者さんも職員も、本当にみんな、前向きにココトモファームの仕事に取り組まれています。

何事も自発的にやるようになり、それを見ている周りの人にも良い効果が出ています。

ココトモファームでなければ、絶対につくれなかった状況が現場に生まれていると実感しています。事業所としても、さらにチームで成長し続けていくことができると感じ、皆さん自信に満ち溢れています。

Q　実際に変化した方の例を教えてください。

うちでは発達障害児の支援施設も運営していますが、高校卒業と同時にその施設を卒所して、あとは生活介護施設で過ごす予定だった山田君（仮名）という方がいます。

山田君は重度の知的障害です。

その山田君と親御さんにココトモファームのことをアナウンスさせていただき、お仕事を提供できるかもしれないとお話ししました。お弁当屋さんのときは技術的な面を考えるとなかなか難しかったのですが、ココトモファームの箱折りやシール貼りの仕事であれば、できる可能性があると思ったのです。

山田君は週2回ほど通所しているのですが、箱折り作業はできていないものの、賞味期限のシール貼りを行う際にハンドラベラーの音を楽しみながらされたり、箱折り後の中敷きを入れる作業をされたりしています。作業を通して仲間と一緒に活動している喜びや、

仕事に励む山田君（左）

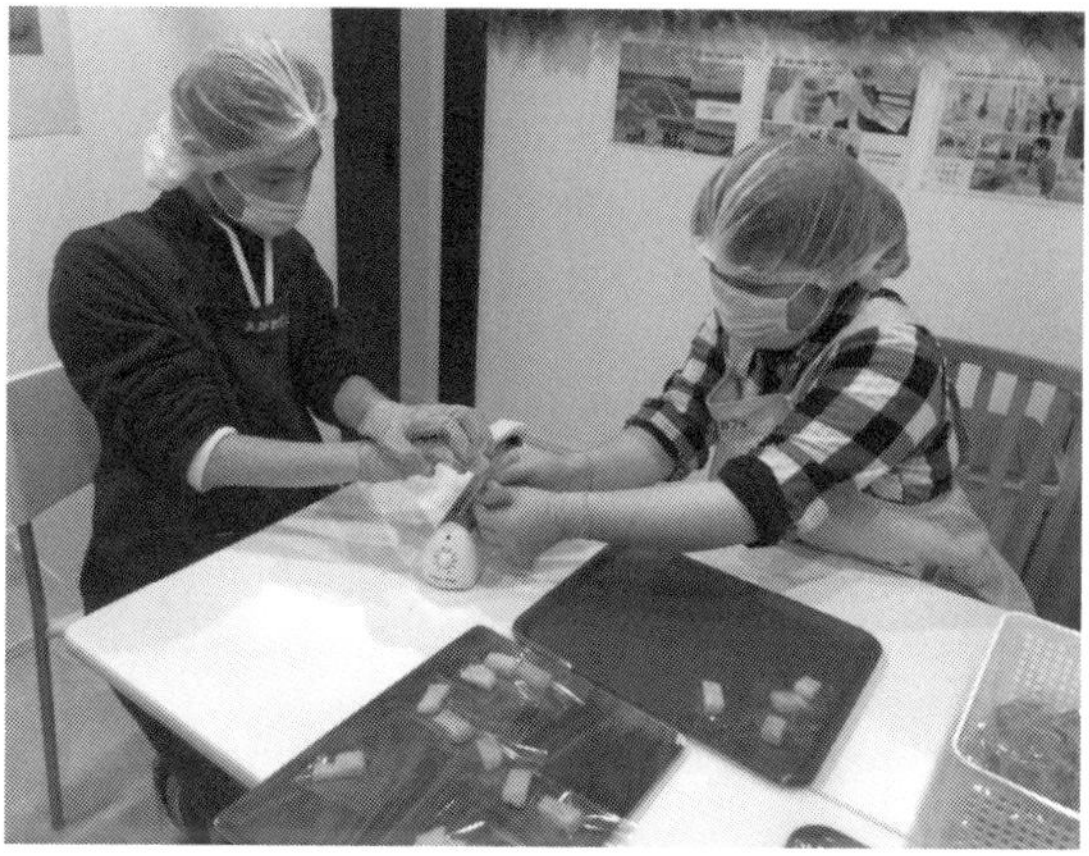

きれいに完成したときの喜びや達成感を得ているようです。

彼は言葉を発することはできないのですが、作業ができたときはいつもニコニコして、とてもうれしそうにしています。

その山田君は、頑張って自分で稼いだ少額のお金を貯め、今年のお正月に年の離れたきょうだい2人に初めてお年玉をあげたそうです。小学生の男の子と女の子で、それぞれのポチ袋に「お年玉　○○君へ」「お年玉　○○ちゃんへ」とお母さんが書いた見本を真似ながら山田君が一生懸命書いて渡したら、弟と妹は「お兄ちゃんすごい！」と言って喜んでくれたそうです。

重い知的障害があっても、そうやってお金を稼ぎ、弟と妹から「すごい」と言われた山田君の姿を見て、お母さんは感動して泣いてしまったと言います。

もしかしたら生活介護施設の入所だけで終わっていたかもしれないわが子が、週に2日ほど働いて、わずかな工賃だけれどもいただいている。それを弟や妹にお年玉としてあげて、喜ばれている。やっぱり、それはうれしいと思いますよ。

彼にとっても、自分が手を動かして働いている喜びや、仲間と一緒に作業をする喜び、人に感謝される喜び、そして少額ではあっても、お金を手に入れる喜びを感じています。山田君にとっても、ここはもう立派な居場所なんです。

こういうエピソードも、ココトモファームと出会えたことで生まれたものです。お弁当屋さんや内職仕事だったら、こういった喜びや価値は生まれなかったと実感しています。

もう一人、ココトモファームで大きく成長した方がいます。

中野さん（仮名）という20代の女性です。中野さんには発達障害と精神疾患がありますが、特別支援学校や以前の就労施設でいじめを受けた経験や、過去の就労体験で失敗が続いた経験から、自分から人に関わろうという意欲の少ない方でした。いつもニコニコ笑っているだけで、何か言葉を掛けられてもなかなか返せないところがありました。

そんな中野さんは、2022年秋からココトモファームさんの仕事に挑戦し始めます。彼女は言葉もしゃべれますし、ある程度の学力や言語力はありますが、接客が苦手なようでした。

でも、ある福祉イベントでココトモファームの商品を販売したところ、めちゃくちゃ楽しかったというのです。「また接客してみたい」と自分から言うようになりました。

そこで、彼女は2022年の暮れにデパートのパイロットショップでの販売に参加しました。

実は、彼女はそれまで自分の外見にはあまり構わなかったのですが、デパートにいる周りの女性販売員やお客さまなどを見て、意識が変わったようです。それからは髪の毛をといて寝ぐせを気にするようになり、身だしなみを非常に意識するようになりました。

外からの刺激を受けて、中野さんの内面が大きく変わっていったのです。

そして、実は中野さん、とてもよくおしゃべりする方でした。家での会話は多くはないとお母さんからは聞いていましたが、販売の仕事をきっかけに、陽気の杜で本来の彼女のおしゃべりが発揮されるようになり、非常に明るくいきいきと頑張ってくれるようになりました。

最近のイベントでも積極的に接客を担当し、売上金額まで意識するようになりました。なんとなく目指そうと話していた売上金額を超えたら、「目標達成しましたね！」って目をキラキラさせながら、すごくうれしそうに言うんです。以前は決してそんなことを言う方ではありませんでした。もちろん、こちらはノルマを与えるようなことはいっさいしていませんよ。本人の意識が大きく変わったんです。

うちの事業所では、その人が楽しくできているかどうかをよく見ながら、いろいろな仕事を担当してもらいますが、中野さんは販売所での試食配りにも挑戦しています。最初のうちは、試食を勧める以前にお客さまに声を掛けることも難しく、「こんにちは」というあいさつすら言うのがやっとでした。声が震えているんです。やっぱり不安なんですよね。

でも、周りがバックアップしてあげながら経験を重ねていくと、徐々に慣れていきます。試食を配ると、お客さまはおいしいと言ってくれますし、買ってくれる人も高い確率でいます。だから、自分が売上に貢献できたという達成感を得られるのです。

彼女は2～3週間で試食配りに慣れるようになり、今は楽しくて仕方ないようです。

Q　ココトモファームプロジェクトに対する想いを教えてください。

ココトモファームが大成功している理由は、理念が明確であり、そこで働くみんなの心に浸透しているからでしょう。

理念もなく事業計画が甘いまま見切り発車した企業は、途中でうまくいかなくなるケースも多く、なかには補助金を使ったあげく、失敗して辞めてしまう事業もありますが、齋藤社長は理念だけではなく創業の精神を大事にしていらっしゃいますし、しっかりした事業計画も立てられています。

それから私がいつも感じるのは、ココトモファームは職場の心理的安全性が担保されている組織だということです。職場でなんでも言える雰囲気があり、話しやすい。また、スタッフがお互いに助け合っています。そうした組織では、意見やアイデア、チャレンジ精神も活発になります。みんなできちんと目的を理解し合って、実現させようとしているからだと思います。

このプロジェクトが全国に広がることで、就労継続支援B型事業所を運営している私にとっても、同じ志や価値観をもった仲間たちが全国でつながり合っていくのが楽しみでしかたありません。

ココトモファームプロジェクトが福祉業界全体の底上げにつながると信じて、このプロジェクトを今後も見守っています。

発達障害者への就労支援

発達障害がある子どもたち、そして保護者にとって最も大きな悩みや心配が「将来の自立」です。親が永遠に面倒を見てあげることはできないからです。

自立のためには「社会で働く」ことが不可欠です。ですが、発達障害のさまざまな特性のために、ほかの人と同じように同一の環境で働くことが困難という問題もあります。

また本人に発達障害の認識がないまま、どうしても職場での人間関係がうまく築けなかったり、期待されることができないまま仕事上のミスを重ねて信頼されず苦しんでいる大人も少なくありません。

いわゆる発達障害グレーゾーンのまま、自分でもどうしていいか分からず、周囲からも「努力が足りない」「やる気がない」「能力不足」と見られてどんな仕事や職場も長続きしない人もいます。

こうした障害がある人たちの就労を支援し、障害者の日常生活および社会生活を総合的に支援するための法律として、障害者総合支援法が制定され「就労移行支援」と「就労継続支援」の2つの仕組みが生まれました。

「就労移行支援」は一般企業への就職を目指す障害者を対象に、就職に必要な知識やスキル向上のサポートを行うものです。各地に設けられた就労移行支援事業所に通って、職場で必要な仕事上のコミュニケーションスキルとして自分の感情をうまく伝えたり、相手の気持ちを理解したり、さまざまな人間関係のトラブル対処などをディスカッションやロールプレイを通して学ぶことができます。

またワークスキルとして、自分の特性に応じて無理なく周囲にも迷惑をかけることなく仕事を進めるためのスキルも身につきます。


一方「就労継続支援」は、一般企業への就職が困難な人に向けて働く機会を提供するもので、就労継続支援A型（雇用型）と就労継続支援B型（非雇用型）が用意されています。ココトモワークスでは、就労継続支援B型事業所として、一般就労のための訓練はもちろん、ココトモファームと連携したライスバーガーの製造や販売、農業体験などを通して、本人の身体面・精神面にもプラスになる働き方を支援しています。

6

発達障害だから IT 社長になれた。
自分の特性を活かせば
“居場所” は必ず見つけられる

劣等感で苦しむ人へ～影ではなく、光の部分を見よう～

「自分には世の中に存在する価値がない」

昔の僕は、ずっとそう感じていました。

劣等感がものすごく、自分だけがほかの人たちと違っている、こんな部分があるから自分はだめなんだとずっと自分の「影」の部分ばかり見てきたのです。

けれども、自分がそのままでいられる居場所（僕の場合はパソコンショップがそうでした）に出会うと、ものの見方、もっといえば世界の見方が変わってきます。

影の部分ばかりに目を向けると、劣等感が生まれてくるものです。そこは見ないで、自分の光の部分を見るようにすると、自分以外の人のすごいところも見えるようになってきます。すると自分の居場所にも仲間が見つけられるようになっていくのです。

そうなるとこれまで自分を苦しめてきた発達障害ゆえの特性が、逆に自分に与えられた〝才能というギフト〟のように思えるのです。

では、どうすれば人間の影ではなく、光の部分を見られるようになるのでしょうか。

これは、親の愛情を理解することが大事だと思います。人間が生きていくなかで「無償の愛」は、やはり親から与えられている部分がとても大きいと感じるからです。

自分が親から愛されていると思うことが、自己肯定感につながります。

僕も子どもの頃は親に反発してばかりで、親の気持ちを理解しようともせず、結果自分を傷つけていました。でも大人になって親の気持ちが分かるようになり、自分は愛されていたと思えたことで自分を認めることができるようになりました。


発達障害がある子どもの保護者の方のなかには、ネグレクトの傾向があるケースも見聞きします。

例えば、自分の子に対して「あなたがそんなだから、私は不幸なんだ」という接し方をしてしまったりするのです。

そのため、なかにはリストカットなどの行動を取ってしまう子どももいます。そして「私は人を不幸にする存在だから、自分で自分を傷つけて痛みを自分でも感じないといけない」と自分を責めるのです。

やはり親が子どもに与えるものは、とても大切だと思っています。

そして同時に、親がどれだけ子どものことを受け止めてあげられるかも大事です。同年代の子どもと比べると発達が遅れているところがあるかもしれませんが、たとえゆっくりでも、その子なりに成長し続けています。

僕もいろいろな特性を抱えていたので、人生がとても生きづらいと感じていました。けれど、僕の親はそれを無理に矯正させるようなことをしませんでした。

その点は、ものすごくありがたかったと感じています。もし親が僕の特性を矯正するようなことをしていたら、きっと今はこんなふうに事業もやっていなかったと思います。

社会はどうしても人を何かの枠にはめようとし、自由に動き回らせないようにします。例えば、物事に集中できないなら、集中できるようになる訓練をさせるわけです。

もちろん、ある部分ではそうした訓練も必要です。

日常生活のなかで、本人が困っている問題や乗り越えなければならないことがあると感じているなら、その問題が解決できるように周りの人も支えてあげる必要があります。

けれど、その子の特性をつぶしたり、消したりするような訓練はしてはいけないと思います。どんな特性も、その子にしかないギフトかもしれないのです。

その人らしい特性やこだわりを矯正されたり否定されたりすることで、二次障害が出てしまうこともあります。

どんな人でも、どんなときにも、その人らしさが否定されてはいけない。僕自身の体験を通しても、心からそう思うのです。

あなたは「そのまま」でいい

人の可能性は、本当に無限大です。自分で自分を「変」と思う人もいるかもしれませんが、そんなときも僕は「そのままでいい」と言ってあげたいと思っています。自分の存在を認めることはすごく大事です。

「自分は変だから、ここを直さないとちゃんと生きられない」「人に嫌われてしまう」「周囲に合わせないといけない」……そんな強迫観念があるのも分かります。

自分の特性についても、本当は生まれつき（先天的）なものが多いにもかかわらず、周りから「ひねくれているからだ」とか「怠けている」「努力していない」などと言われるのは本当につらいことです。

社会は、そうした発達障害などの特性を「マイナス」ととらえてしまいがちですが、それは本当にマイナスなのでしょうか？

僕はそう思いません。

そういった特性は、むしろ武器や才能だと思うのです。ほかの人と同じことはできなくても、逆にほかの人ができないことができる。見方を変えれば、マイナスではなくプラスになります。

特性を無理やり消すのではなく、いいかたちに伸ばすことができれば、光が見えてきます。「ここだけは、ほかの人よりちょっとでもうまくできる」、そう思えるものが一つでもあれば、それだけで生きていくことができます。

自分の特性を消すことは、自分という人間を否定して消してしまうことです。

もしも、あなたが何かにこだわりが強いのなら、そのこだわりを消そうとするのではなく、何に活かせるかを考えてみてください。自分一人で考えるのが難しいなら、誰かに一緒に考えてもらいましょう。

例えば、細かいこだわりが強い人は、商品の品質管理や検査といった仕事では誰よりもいい仕事ができるかもしれません。

一つのことに集中できる人なら、組み立てや加工の仕事に向いているかもしれないし、おしゃべり好きな人なら、人前に立って何かを進める仕事が向いているかもしれません。整理が下手な人なら、枠にとらわれない斬新なアイデアをもっているかもしれません。

誤解を恐れずにいえば、僕自身、発達障害の特性をもって生まれたからこそ、こうして人の役に立てる経営者になれたと思っています。

しかし経営者になったからといって、自分の特性が消えたわけではありません。大人になっても、僕は親戚の名前だってちゃんと覚えられません。顔は分かるけれど、すぐに「あれは誰だっけ？」となります。

姪っ子のほうがよほど賢く、「あの人は○○さんだよ」と教えてくれるくらいです。けれど、それを見て今の僕は自分が劣っているとは思いません。そうではなく、「姪っ子はすごいな、天才だな」と思うのです。お世辞でもなく、心から思います。

オフィスで社員がずっと何かの作業ができるだけでも､僕には「すごいな」と思えます。そんなふうに素直に周りの人を「すごい」と思って生きていると、すごく楽です。自分が楽になれば、自然と自分にできることをやりたくなります。そのなかで誰かの役に少しでも立てればいいと思うのです。

なかには、自分に劣等感をもっている人もいるかもしれません。でも、それも見方を変えれば、決して無駄にはなりません。

僕は人生の半分を劣等感のなかで生きてきて、途中からその劣等感が周りへの尊敬の念に変わりました。でも、もし劣等感をもったことがなかったら、そういう気持ちをもてなかったかもしれないと思うのです。

むしろ社歴の浅い自分が店長になったことで、天狗状態になって「なんでこんなこともできないの?」と人を見下すような人間になっていたかもしれません。だけど、自分自身がそういうネガティブなことをずっと言われてきて、苦しさや生きづらさを感じてきたからこそ、周りの人に尊敬や感謝を表すことができたのです。

自分の特性の活かし方が分からなければ、いろいろやってみるのもお勧めです。

僕たちがやっているココトモファームプロジェクトも、いろいろな人がもつさまざまな特性を活かせる場や機会をたくさんつくりたいと思っています。だからこそ、これまでにない組み合わせのコラボも、これからたくさんやっていく予定です。

そんな場所で、自分に何ができるのか。僕も楽しみだし、そこでいろいろな可能性と出会う人が増えるのも、また楽しみです。

人が補ってくれることの大切さ

僕はいろいろなことが苦手なまま、ここまで生きてきました。

今も経営者をしていますが、得意なことよりも、できないことや苦手なことのほうが多いのは変わっていません。

なぜ、それでもネガティブにならずにいられるのでしょうか。

ITの力を活用して苦手なことを補えているからというのもありますが、それ以上に大きいのは、「人に補ってもらっているから」です。

当然のことですが、人が一人でできることなんて知れています。誰も一人では生きられません。それは別に「自分がだめだ」という話でもなんでもなくて、当たり前のことです。いろいろな人が補ってくれているから、その力を合わせて多様なことができるし、みんなそれぞれ違うからこそ、お互いを支え合えるのです。

今、僕が経営者という役割ができているのも、みんなに補ってもらっているからです。

創業メンバーの藤江もそうでした。

人は一般に変化を嫌うものですが、藤江は僕が新しいことをやり始めても、それを止めずにフォローしてくれています。社員が困っていたら一緒に解決しようとしてくれます。

僕は子どもの頃からずっと自分だけの世界で生きてきたので、長い間、そうやって人は補い合うものだということに気づけませんでした。

自分だけが劣っていて、どうすることもできないと思っていました。それが周りの人を素直にすごいと思えるようになり、その人たちの力を借りられるようになると、逆に自分の特性も活かして生きていけるということが分かったのです。

ネットアーツでも、まなぶでも、ココトモファームでも、僕以外のみんながすごい。僕はいつもできないことを、苦手なことをみんなに補ってもらっています。だからこそ、僕にできることは何かを真剣にずっと考え続けるわけです。

僕にできるのは、新しい絵を描いて、みんなにワクワクしてもらえるビジョンにし、そこに行くための準備をすることです。描くのは、みんなが自分のことも他人のことも好きでいられるような社会にするためのビジョンです。

簡単ではないけれど、みんなでその冒険ができれば本当に楽しいと思うのです。

そこでは、誰が上でも下でもありません。みんな一緒に、お互いに補い合いながら進んでいきます。自分の得意をそれぞれが出していくのです。

だから、ココトモファームも「ココでトモだちになろう」を理念に掲げています。友達には上も下もありません。

そもそも僕は新しいものをつくるのは得意ですが、それを維持発展させるのは得意ではありません。そっちは、僕よりよほど優秀な人がたくさんいます。僕は新しい問題を解決する役割のほうがいいと思っています。

人は完璧でなければならない、なんて思う必要もないんです。みんなでつながっていくことができれば、どんな状態の自分でも大丈夫です。

いろいろな部分で凸凹があっても、問題はありません。むしろ中途半端に優秀だと、人の話を聞いて何かを得ることが素直にできなかったりします。

経営の神様と呼ばれた松下幸之助氏が「私は貧乏で学歴がなく、病気がち。だから成功した」と書いているのを見て感銘を受けたことがありますが、本当にそうだと思います。僕は自分たちの事業を通して、人がお互いに補い合い、それを素直に感謝できたり、喜んだりできる世の中をつくりたいと考えています。

そして、それが少しでも実現できれば、ほかに特に欲しいものはないのです。

おわりに

僕が自分の特性を認めて、いろいろな人の前で発達障害のことも含めて話ができるようになったのは、ある中学生の男の子との出会いがきっかけでした。

学習療育型施設を立ち上げたとき、中学生や高校生向けに夜の部も設定したのですが、なかなかそこには子どもが集まらなかった。そんなとき、一人だけ中学1年のM君が教室に通うことになりました。

生徒一人のためにスタッフに動いてもらうわけにもいきません。そこで僕が直接マンツーマンでM君に教えるようにプログラムをつくったのです。

そのとき、自分のように発達障害の特性をもっているM君に「他己紹介」をしてもらうことを考えました。自分のことをいきなり話すのはきっと苦手。他人である僕の話を聞いて、それをほかの人に教えてあげられるようにするなかで、理解をするというプロセスを取れるようにしたわけです。

それまで僕は自分の過去を誰かに話したことがありませんでした。みんなは僕がパソコンショップでスーパー店長だったということぐらいしか知らない。

子どもの頃から人の輪のなかに入れず、周りから常に「変な奴」と呼ばれ、どこにいても悪口を言われ続ける妄想の世界にいたことは、自分の〝黒歴史〟として墓場までもっていくつもりだったのです。

ですが、自分たちが障害福祉の事業をやるようになり、発達障害を含めた多様な障害について学んでいくうち、もしかしたら自分もそうだったのかもしれないと、そこで初めて客観的に知ることができたのです。


そこで自分の過去の苦しかったこと、特性を伝えることで子どもたちに何か少しでも役に立つかもしれないと思い、自分の昔の話をするようになり、過去の自分を振り返る資料もつくってみたのです。

保育園の頃から友達の輪のなかには入れず、いつも一人だったこと。

授業がまったく理解できずちゃんと受けられなかったこと。周りの人の気配ばかり気になって挙動不審で「気持ち悪い」と言われ続け、ずっと机に突っ伏して何も聞こえないふりをしていたこと。

いろいろな過去を資料にまとめました。なんとかM君を笑わせようと、僕自身の年代による表情の変化の写真を載せたりもしました。

そうして過去を振り返り、発達障害について調べるうちに、自分はおそらく発達障害グレーゾーンではないかと思い当たります。グレーゾーンでもこんなに苦しかったのに、本当に発達障害なら、どれほど大変かということも思い知りました。

そうなると、見方が変わってきます。保護者や利用者にとってどうなのかだけでなく「本人たちにとって、どうなのか」という観点が加わってくるのです。

僕はのちにグレーゾーンではなく、ADHD（注意欠如・多動性障害）だったということが分かりますが、当事者本人なら、本当の意味で欲しかったのは自分が自分でいられる「居場所」なのではないかと思いました。

社会で成功している人に共通しているのは、そのままの自分を理解してくれる人の存在です。自分を理解してくれる人がそばにいるから、自分の特性を気兼ねなく出すことができ、それが物事を良い方向に進ませるわけです。

僕自身がまさにそうです。発達障害の特性を活かせる居場所に出会えたからこそ、経営者になり、こうして世の中とつながることができているわけです。

発達障害で成功した人の自伝などを読んでいると、もれなく子どもの頃の破天荒なエピソードが出てきます。

それでも、その特性を否定したり、矯正したりすることなく見守ってもらえた。たったそれだけのことが、その人の将来に大きくプラスに働きます。

自分の場合は結果的に親がそうでした。それは別に、親でなくても先輩でも上司でも、僕たちのような施設で出会うスタッフ、職員でもいいのです。一人でもいいから、そのままの自分を理解してくれる人がいてくれたら、人生は大きく変わっていきます。

もちろん、自分でも自分のなかの光の部分に注目して、自分を信じることができたら、人生は大きく変わっていくはずです。

とにかく、この本を読んでもらうことができたなら、どうか自分の特性を認めてほしいと思います。また、ほかの人の特性も認めて理解してほしい。

そして、みんなが自分の居場所を見つけてほしいと願っています。この本がそのきっかけになるなら、これほどうれしいことはありません。

そしていろいろな障害の特性を活かせるココトモファームに共感してくれた人がいたら、ぜひ一度、見学にも来てください。

自然豊かな犬山でお待ちしています。

【著　者】

齋藤秀一《さいとうしゅういち》

【プロフィール】

株式会社ネットアーツ 代表取締役
株式会社まなぶ 取締役会長
株式会社ココトモファーム 代表取締役
不登校だった少年時代を過ごし、社会人になってからは自分の居場所を見つけられず転職を繰り返すも、自身の特性が特技になることに気づき、2001年にITシステム開発会社の株式会社ネットアーツを創業。全国4500以上の児童発達支援・放課後等デイサービス事業者などに施設運営システムHUG（ハグ）を提供。さらに2015年には自ら障害福祉施設を運営する会社の株式会社まなぶを創業し、愛知県西尾市で放課後等デイサービスココトモを8施設運営。こうしたITと障害者支援の自社ノウハウを活かし、2019年に愛知県犬山市で農業と福祉を連携するための農業法人·株式会社ココトモファームを創業する。ココトモファームでは「ココでトモだちになろう」をテーマに、自社栽培した米を使用した米粉100%グルテンフリーのバウムクーヘンを製造・販売。農業と福祉、工業、商業を連携させ、生産から販売までの一貫したものづくりを通して、誰ひとり取り残さない社会創りを目指している。

本書についての
ご意見・ご感想はコチラ

改訂版 発達障害でIT社長の僕

2023年7月13日　第1刷発行

著　者　　齋藤秀一
発行人　　久保田貴幸

発行元　　株式会社 幻冬舎メディアコンサルティング
〒151-0051　東京都渋谷区千駄ヶ谷4-9-7
電話　03-5411-6440（編集）

発売元　　株式会社 幻冬舎
〒151-0051　東京都渋谷区千駄ヶ谷4-9-7
電話　03-5411-6222（営業）

印刷・製本　中央精版印刷株式会社
装　丁　　鈴木未来
装　画　　赤倉綾香（ソラクモ制作室）

検印廃止

ISBN 978-4-344-94691-0 C0095
幻冬舎メディアコンサルティングＨＰ
https://www.gentosha-mc.com/